Theologische Studien

Neue Folge

T0161692

T V Z

Theologische Studien

Neue Folge

herausgegeben von
Thomas Schlag, Reiner Anselm,
Jörg Frey, Philipp Stoellger

Die Theologischen Studien, Neue Folge, stellen aktuelle öffentlichkeits- und gesellschaftsrelevante Themen auf dem Stand der gegenwärtigen theologischen Fachdebatte profiliert dar. Dazu nehmen führende Vertreterinnen und Vertreter der unterschiedlichen Disziplinen – von der Exegese über die Kirchengeschichte bis hin zu Systematischer und Praktischer Theologie – die Erkenntnisse ihrer Disziplin auf und beziehen sie auf eine spezifische, gegenwartsbezogene Fragestellung. Ziel ist es, einer theologisch interessierten Leserschaft auf anspruchsvollem und zugleich verständlichem Niveau den Beitrag aktueller Fachwissenschaft zur theologischen Gegenwartsdeutung vor Augen zu führen.

Theologische Studien

NF 9 – 2014

Anne Käfer

Glauben bekennen, Glauben verstehen

Eine systematisch-theologische
Studie zum Apostolikum

T V Z

Theologischer Verlag Zürich

Gedruckt mit freundliche Unterstützung der Ulrich Neuenschwander-Stiftung

Bibliografische Informationen der Deutschen Nationalbibliothek

Die Deutsche Nationalbibliothek verzeichnet diese Publikation in der Deutschen Nationalbibliografie; detaillierte bibliografische Daten sind im Internet über http://dnb.d-nb.de abrufbar.

Umschlaggestaltung: Simone Ackermann, Zürich

Druck: ROSCH-BUCH GmbH, Scheßlitz

ISBN 978-3-290-17809-3

© 2014 Theologischer Verlag Zürich

www.tvz-verlag.ch

Für Margret

Inhaltsverzeichnis

Vorwort

Die vorliegende Studie soll Anregung sein, sich mit den knapp formulierten Bekenntnisaussagen des Apostolikums auseinanderzusetzen. Zu Verständnisfragen, die das alte Bekenntnis aufwirft, werden gegenwartsbezogene Überlegungen vorgestellt.

Bei den Herausgebern der Theologischen Studien (NF) bedanke ich mich für die Aufnahme meiner Ausführungen in ihre Reihe. Insbesondere danke ich Herrn Prof. Dr. Jörg Frey für seine freundliche Ermutigung zu meiner Studie. Herrn Prof. Dr. Thomas Schlag danke ich für seine wertvollen Anmerkungen und Hinweise.

Für hilfreiche Kommentare bedanke ich mich auch bei Herrn dipl. theol. Alexander Dölecke.

Dem Theologischen Verlag Zürich danke ich für seine engagierte und gute Betreuung bei der Herstellung der Publikation und der Verlagsleiterin Lisa Briner dafür, dass sie meinen Text in überaus umsichtiger Weise lektorierte.

Meiner Schwester Dr. Margret Käfer danke ich, wie so oft, fürs Korrekturlesen, für ihre gewohnt aufmunternde Kritik und ihre weiterführenden Fragen; ihr ist das Büchlein gewidmet.

Berlin, Ostern 2014   Anne Käfer

Einleitung

1. Der Text

Apostolisches Glaubensbekenntnis[1]

Ich glaube[2] an Gott Vater Allmächtigen,
Schöpfer Himmels und der Erden.

(Erster Artikel)[3]

Und an Jesum Christum, seinen einigen Sohn unsern Herrn,
der empfangen ist vom heiligen Geist,
geboren von der Jungfrauen Maria,
gelitten unter Pontio Pilato,
gekreuziget, gestorben und begraben,
niedergefahren zur Höllen,
am dritten Tage auferstanden von den Toten,
aufgefahren gen Himmel,
sitzend zur Rechten Gottes, des allmächtigen Vaters,
von dannen er kommen wird zu richten die Lebendigen und die Toten.

(Zweiter Artikel)

---

[1] Zitiert ist die deutschsprachige Version des Apostolikums, die abgedruckt ist in: Die Bekenntnisschriften der evangelisch-lutherischen Kirche (abgekürzt: BSLK), 21. Sie wird verwendet, weil sie insbesondere bei ihrer Rede von der «Hölle» näher am lateinischen Original ist. Die modernisierte Fassung, die es zu unternehmen scheint, Anstößigkeiten des Textes möglichst auszuschließen, lautet: «Ich glaube an Gott, den Vater, den Allmächtigen, den Schöpfer des Himmels und der Erde. Und an Jesus Christus, seinen eingeborenen Sohn, unseren Herrn, empfangen durch den Heiligen Geist, geboren von der Jungfrau Maria, gelitten unter Pontius Pilatus, gekreuzigt, gestorben und begraben, hinabgestiegen in das Reich des Todes, am dritten Tage auferstanden von den Toten, aufgefahren in den Himmel; er sitzt zur Rechten Gottes, des allmächtigen Vaters; von dort wird er kommen, zu richten die Lebenden und die Toten. Ich glaube an den Heiligen Geist, die heilige christliche Kirche, Gemeinschaft der Heiligen, Vergebung der Sünden, Auferstehung der Toten und das ewige Leben. Amen.»

[2] Hier wie zu Beginn des dritten Artikels heißt es im zitierten Original: «Ich gläube».

[3] Das Apostolikum lässt sich in drei Abschnitte gliedern, die Artikel genannt werden; die drei Artikel beinhalten Aussagen zu je einer Person des dreieinigen Gottes.

Ich glaube an den heiligen Geist,
ein heilige christliche Kirche, die Gemeine der Heiligen,
Vergebung der Sünden,
Auferstehung des Fleisches,
und ein ewiges Leben.
Amen.

(Dritter Artikel)

2. Vom Wortlaut zum Sachgehalt

Das Apostolische Glaubensbekenntnis ist seit Jahrhunderten über Konfessionsgrenzen hinweg gültiges christliches Bekenntnis. Es ist sogar verbindlicher Bestandteil einer Vielzahl evangelischer Gottesdienste. In diesen Gottesdiensten wird die Gemeinde eingeladen und aufgefordert, gemeinsam mit den Worten des Apostolikums ihren Glauben zu bekennen. Wenn die einzelnen Gemeindeglieder das Glaubensbekenntnis gemeinsam sprechen, wissen sie sich in ihrem Glauben miteinander verbunden. Sie erleben Gemeinschaft im Glauben, indem sie den einen Glauben miteinander teilen, der im Bekenntnistext ausgedrückt ist.

Das Apostolikum dient dem gemeinschaftlichen *Bekenntnis*, aber auch der *Verständigung* über den christlichen Glauben. Dies ist jedenfalls dann der Fall, wenn ernst damit gemacht wird, dass das Bekenntnis selbst Ergebnis eines Verständigungsprozesses ist.[4] Die Bekennenden werden ihm gerecht, wenn sie es nicht als formelhaften Bekenntnisschwur verwenden. Sie gebrauchen es vielmehr angemessen, wenn sie seinen tradierten Wortlaut als Anregung zur fortgesetzten Verständigung über christliche Glaubenseinsichten verstehen.

Mit den Formulierungen des Apostolikums sind christliche Glaubenseinsichten zum Ausdruck gebracht. Dieser Ausdrucksweise bedient sich das bekennende Gemeindeglied, um seinen Glauben auszusprechen. Der einzelne Glaubende verwendet das Bekenntnis, um seinem Glauben Sprache zu geben. Entsprechend beginnt er oder sie das Bekenntnis mit den Worten «Ich glaube» (lat.: «Credo»).

---

[4] Das Apostolikum ist über einen längeren Zeitraum hinweg durch mehrfach vorgenommene Veränderungen und Ergänzungen bereits vorhandener Textbausteine entstanden und vermutlich seit dem 3./4. Jahrhundert in lateinischer Fassung vorhanden. Zur Entstehung des Apostolikums s. Christoph Markschies, Art. Apostolicum, in: RGG[4], Bd. 1, 648–649. S. auch Eberhard Busch, Credo, 38ff.

Doch nicht alle Gemeindeglieder sprechen leichten Gewissens die Worte mit, die das Bekenntnis vorgibt. Manche schweigen gar bei einzelnen Bekenntnissätzen, weil sie meinen, diese nicht ehrlich und von Herzen bekennen zu können. Aussagen wie die Jungfrauengeburt oder die Rede von Gott dem allmächtigen Schöpfer, die Rede vom Gericht oder den Heiligen bringen sie nicht über die Lippen. Solche Bekenntnisaussagen scheinen ihnen unter anderem vor dem Hintergrund einer naturwissenschaftlich aufgeklärten Weltsicht mit der Wirklichkeit nicht vereinbar und darum schlicht unglaublich zu sein.[5] Heute wie schon beispielsweise zu Zeiten des «Apostolikumsstreites»[6] sind die Aussagen des Apostolikums umstritten und für manch einen Christenmenschen kaum annehmbar.

Ein Unbehagen beim Sprechen der Bekenntnissätze liegt wohl oftmals darin begründet, dass nicht bekannt ist, was denn da mit den Worten des Apostolikums tatsächlich bekannt wird. Bei mancher Abneigung gegen das Bekenntnis scheint vor allem eines nicht bewusst zu sein: Der bloße Wortlaut des Glaubensbekenntnisses ist als solcher nicht Gegenstand[7] christlichen Glaubens. Der Wortlaut ist vielmehr das Medium, über das vermittelt der Glaubensgegenstand zum Ausdruck kommt.

---

[5] S. dazu auch Wolfhart Pannenberg, Das Glaubensbekenntnis, 17: «Daß das apostolische Bekenntnis vielen Christen heute unverständlich oder in einzelnen Formulierungen sogar ärgerlich geworden ist, dürfte daran liegen, daß die in seinen Artikeln aufgezählten Heilstatsachen ohne Beziehung oder gar im Widerspruch zur gegenwärtigen Wirklichkeit menschlicher Erfahrung zu stehen scheinen und darum eher als Glaubenshindernis empfunden werden, denn als Ausdruck oder tragender Grund des eigenen Glaubens.» – Vgl. auch Jan Fleischhauer, Scheidung leichtgemacht, in: Spiegel online, 20.6.2013 (http://www.spiegel.de/ politik/deutschland/jan-fleischhauer-ueber-den-leitfaden-der-ekd-zum-thema-familie-a-9068 95.html; zuletzt aufgerufen im März 2014): «Bei der Konfirmation meines ältesten Sohnes trugen fünf der Jugendlichen im Gottesdienst unter dem aufmunternden Blick der Pastorin selbstformulierte Glaubensbekenntnisse vor. Es waren Bekenntnisse, woran sie alles nicht glauben: die Genesis, die Auferstehung, das Jüngste Gericht. Am Ende erklärten sich die Konfirmanden einverstanden, Gott als eine ‹positive Kraft› zu sehen. Dann umarmte man sich, die Pastorin sprach ein Gebet, und die Gemeinde versammelte sich zum Abendmahl.»

[6] Zum «Apostolikumstreit», den Pfarrer auslösten, die das Apostolikum nicht länger im Gottesdienst verwenden wollten, weil sie seine Aussagen für unzutreffend hielten, s. Daniela Dunkel, Art. Apostolikumstreit, in: RGG[4], Bd. 1, 650–651: «Der Begriff bez. Auseinandersetzungen in den Ev. Landeskirchen im 19. und 20. Jh. um die gottesdienstliche Verwendung des Apostolikums, insbes. bei Taufe, Konfirmation und Ordination. Im A.[postolikumstreit] fand exemplarisch eine Auseinandersetzung zw. liberaler und konservativer Theol. statt, in der es zentral um die Modernisierung der ev. Kirche ging.» (a. a. O., 650)

[7] Mit «Gegenstand» ist hier das Gegenüber bezeichnet, an das das glaubende Ich glaubt; dieses Gegenüber ist inhaltlich bestimmt; s. dazu auch unter III.

Das christlich-glaubende Ich glaubt so wenig an das Apostolikum wie an die Bibel. Glaubensgegenstand ist vielmehr der mit den Bekenntnisworten ausgesagte Sachgehalt. Über den Sachgehalt, den die Bekenntnisformulierungen zum Ausdruck bringen, gilt es sich zu verständigen. Die Glaubenseinsichten, die in die Bekenntnissätze eingefasst sind, gilt es immer wieder aufzudecken und mit dem eigenen Gotteserleben in Beziehung zu setzen, gerade auch um Gewissenszweifeln zu begegnen.

Dies kann sachgerecht geschehen, wenn die einzelnen Bekenntnissätze im Zusammenhang mit allen anderen interpretiert werden und wiederum auf dem Boden der ausgemachten Sachaussage des gesamten Textes einzelne Aussagen reflektiert werden. Dieser Einsicht ist die vorliegende, dogmatisch orientierte Untersuchung gefolgt.

Selbstverständlich birgt jede dogmatische Aussage ethische Implikationen; insbesondere die Rede von der Allmacht und der Liebe Gottes, die für diese Studie leitend ist,[8] bedingt maßgeblich, inwiefern in materialethischen Bereichen sinnvoll handlungsleitende Regeln aufgestellt werden können.[9] Ethische Überlegungen werden jedoch zugunsten der dogmatischen Interpretation des Apostolikums zurückgestellt.

Zum besseren Verständnis der vorliegenden Interpretation wird im Anmerkungsapparat auf maßgebliche und aussagekräftige dogmatische Konzepte der protestantischen Tradition verwiesen.[10] Vorliegende Studie nimmt auch Bezug auf bedeutende Credo-Interpretationen, von denen sie sich durch ihren theologischen Zugang unterscheidet. Sie unternimmt es, die einzelnen Bekenntnisaussagen an Gottes Liebe und Allmacht zu messen und umgekehrt durch die Auslegung dieser Bekenntnisaussagen die Beschaffenheit der allmächtigen Liebe zu erschließen.[11]

Vor allem dient die vorliegende Interpretation der Verständigung über die Bekenntnisaussagen des Apostolikums. Dabei versteht sie den Wortlaut des Bekenntnisses als prägnanten Ausdruck der Zuwendung Gottes zum Menschen.

---

[8] Die Rede von Gottes Allmacht ruft auf Seiten des Menschen die Frage nach dessen Freiheit hervor. S. dazu im Folgenden.

[9] Sinnvoll sind diese m. E. nur dann, wenn davon ausgegangen wird, dass der Mensch fähig ist, solche Regeln selbst zu wählen und einzuhalten.

[10] Bei der eigenen Auslegung ist viel Gewicht auf die Theologie Martin Luthers gelegt; vielfach ist die Interpretation an Darlegungen Friedrich Schleiermachers orientiert. Es werden neuere und aktuelle theologische Entwürfe genannt, sofern eine Bezugnahme auf sie zum Verständnis der eigenen Interpretation hilfreich ist. Die lutherische wie die reformierte Tradition sind berücksichtigt.

[11] S. dazu grundlegend u. II.1.2.

14

I. Gottes Zuwendung zum Menschen in drei Personen

Das Apostolikum ist Ausdruck der Zuwendung Gottes zum Menschen. Mit den Worten «Ich glaube» bekennt das glaubende Ich die Zuwendung Gottes, die ihm selbst widerfahren ist.

Die Zuwendung Gottes, sein Wirken an den Geschöpfen erlebt das glaubende Ich auf drei Weisen, die voneinander nicht getrennt, aber deutlich unterschieden werden können. Entsprechend wird das Wirken Gottes als das Wirken der drei «Personen» Gottes beschrieben, die gleich ewig und gleich mächtig sind.[1] Die Zuordnung der drei Wirkweisen Gottes zu je einer «Person»[2] Gottes, drückt zugleich die prinzipielle Einheit des göttlichen Wirkens aus, das dem glaubenden Ich gleichwohl dreimal verschieden widerfährt.

Die Unterscheidung der drei Personen Gottes und ihres Wirkens gliedert das Apostolikum in drei Teile: Im ersten Artikel ist von Gott dem Vater, dem Allmächtigen und Schöpfer die Rede. Im zweiten Artikel ist Jesus Christus, Gott der Sohn, das Thema. Von Gott dem Heiligen Geist handelt der dritte Artikel.

Die Person des Heiligen Geistes wird erst im dritten Artikel thematisiert. Dabei ist es ausschlaggebend dem Wirken des Heiligen Geistes verdankt, dass das glaubende Ich überhaupt glaubt.[3] Der Geist nämlich wirkt den Glauben im einzelnen Menschen. Er wirkt den Glauben an Gott den Sohn, indem

---

[1] Zu den drei Personen Gottes s. die Aussagen des Athanasianischen Glaubensbekenntnisses in: BSLK 28–30: «Dies ist aber der rechte christliche Glaube, daß wir ein einigen Gott in drei Personen und drei Personen in einiger Gottheit ehren [...]. [...] Und unter diesen drei Personen ist keine die erste, keine die letzte, keine die größeste, keine die kleineste; Sondern alle drei Personen sind mit einander gleich ewig, gleich groß: Auf daß also, wie gesagt ist, drei Personen in einer Gottheit und ein Gott in drei Personen geehret werde.» (a. a. O., 28f.) S. auch: Der Heidelberger Katechismus (abgekürzt: HK), Frage und Antwort 25, 20: «Warum nennst du denn drei: den Vater, den Sohn und den Heiligen Geist, wo doch Gott nur einer ist? Weil Gott sich in seinem Wort so offenbart hat, daß diese drei Personen unterschieden und doch der eine, wahre und ewige Gott sind.»

[2] Zur Bezeichnung «Person» s. Johannes Calvin, Institutio, I,13,3,65: «Wie sehr nun auch die Häretiker gegen das Wort ‹Person› kläffen, und wenn auch andere in ihrer großen Torheit sich weigern, diesen Ausdruck, da er ein Menschensündlein sei, anzunehmen – sie können uns doch nicht widerlegen, daß da drei genannt werden, von denen jeder ganz und gar Gott ist, und die doch nicht mehrere Götter sind [...].» S. auch Augsburgisches Bekenntnis/Confessio Augustana (abgekürzt: CA) I, BSLK 50f.: Es «wird durch das Wort Persona verstanden nicht ein Stuck, nicht ein Eigenschaft in einem andern, sondern das selbs bestehet [d. i.: etwas, das ein selbständiges Ding ist]».

[3] Dazu ausführlich u. II.3.

er Jesus Christus als den zu erkennen gibt, in dem Gott der Vater zum Heil der Menschen in einem Menschen den Menschen nahegekommen ist. Er wirkt den christlichen Glauben, indem er dem einzelnen Menschen in Raum und Zeit die ewige Heilszuwendung Gottes überbringt. Mit der Erkenntnis dieser Zuwendung Gottes in Jesus Christus ist dem Glaubenden deutlich, wer der ist, dem er sein Leben verdankt. Es ist dies der allmächtige und schöpferische Vater, den der erste Artikel bekennt.[4]

Weil das bekennende Ich wie die Schöpfung insgesamt im Wirken des Schöpfers begründet ist und von ihm her existiert, ist von der Person des Schöpfers im ersten Artikel die Rede. In einer weiteren Person wurde Gott selbst Mensch zu bestimmter Zeit und an bestimmtem Ort in der Schöpfung. In der Person des Heiligen Geistes wirkt Gott zu bestimmter Zeit und an bestimmtem Ort christlichen Glauben in einem Menschen und so auch in dem bekennenden Ich. Er wirkt den Glauben an den dreieinigen Gott.

Die vorliegende Interpretation des Apostolikums folgt der Reihenfolge der drei Artikel, obwohl es aus Sicht des Glaubenden angemessen wäre, die Auslegung mit dem dritten Artikel zu beginnen.[5] Es könnte dann zunächst von dem gehandelt werden, was über das Zum-Glauben-Kommen eines Menschen und das Wesen des Glaubens ausgesagt werden kann. Schließlich eröffnet die Wendung «Ich glaube» das Apostolische Bekenntnis. Die Untersuchung beginnt jedoch mit dem Glaubensgegenstand und folgt bei ihrer Darstellung den drei Artikeln des Apostolikums. Im Anschluss daran, ausgehend vom Verständnis des Glaubensgegenstandes, wird in Abschnitt III aufgezeigt, wie das Zustandekommen und die Beschaffenheit des Glaubens entsprechend beschrieben werden können.

Auf diese Weise wird der Einsicht Rechnung getragen, dass der christliche Glaube in seinem Gegenstand begründet ist.[6] Gleichwohl ist der Glaube

---

[4] Nach Martin Luther, Großer Katechismus, Von dem Glauben, Der dritte Artikel, BSLK 660, Z. 39ff., könnten wir «nimmermehr dazu kommen, daß wir des Vaters Hulde und Gnade erkenneten ohn durch den HERRN Christum, der ein Spiegel ist des väterlichen Herzens, außer welchem wir nichts sehen denn einen zornigen und schrecklichen Richter. Von Christo aber künnten wir auch nichts wissen, wo es nicht durch den heiligen Geist offenbaret wäre.»

[5] Zur Ordnung der Artikel s. auch die These Karl Barths: «Die Anordnung der drei Artikel des Symbols ist nicht genetisch zu verstehen, d. h. sie beschreibt nicht den Erkenntnisweg des Glaubens. Wenn das beabsichtigt wäre, dann müßte der zweite Artikel zweifellos der erste sein.» (Karl Barth, Credo, 38)

[6] Gott selbst wirkt den Glauben eines Menschen, s. dazu u. III. – Wäre der Glaube eines Menschen nicht Glaube an den Glauben wirkenden Gegenstand, wäre der Glaubensgegenstand gar nur der Selbstdeutung des jeweiligen Menschen verdankt, wäre es passender von Selbst-

des Einzelnen immer schon mitbestimmt durch dessen Lebensvollzug in Vergangenheit und Gegenwart. Das Glauben-Wirken Gottes wird auf dem Boden des jeweils eigenen Lebens erlebt und entsprechend wird Gottes Bild im Rahmen des eigenen Erlebens gesehen.

Erst im Erleben des Dreieinigen und dem damit verbundenen Zustande-kommen von Glauben kann sich das menschliche Individuum Gottes und seiner Zuwendung gewiss sein. Dabei erkennt das glaubende Ich allerdings dies, dass der Dreieinige von Ewigkeit her ist und wirkt. Von dieser Ein-sicht – von der Einsicht, dass der Ewige gegenwärtig ist – handelt das Apos-tolikum, indem es das ewige Handeln Gottes an seinen Geschöpfen in der zeitlichen Folge beschreibt, die das menschliche Leben in Raum und Zeit betrifft.[7]

Das vielfältige Wirken Gottes, das im Apostolikum aufgeführt ist, wird zwar in der christlichen Lehre derart geordnet, dass es jeweils vermehrt einer der drei Personen zugeschrieben wird. Doch ist ein jedes Handeln Gottes, das – sei es in seiner «ersten», «zweiten» oder «dritten» Person – die Zuwendung, und zwar die heilsrelevante Zuwendung Gottes zu den Menschen wirkt, durch das *eine Wesen* Gottes charakterisiert.[8] Keine Tätigkeit Gottes, die der einen oder anderen Person zugeordnet wird, kann deshalb im Widerspruch stehen zu dem Handeln einer der beiden anderen Personen. Die Wesens-einheit Gottes würde missachtet, wenn die Tätigkeiten Gottes nicht in we-sentlicher Einheit beschrieben würden.

Entsprechend den bereits skizzierten Annahmen orientiert sich die vorlie-gende Untersuchung an zwei Kriterien: Zum einen muss die Interpretation des Bekenntnisses die Einheitlichkeit des Wesens Gottes und demgemäß den einheitlichen Zusammenhang seines Wirkens in drei Personen beachten. Es kann nicht angenommen werden, dass durch eine der drei Personen das Wir-ken und Wollen einer anderen verändert würde.

Zum zweiten ist die Auslegung der einzelnen Formulierungen des Apos-tolikums davon geleitet, dass das Bekenntnis insgesamt die heilsrelevante

---

vertrauen zu sprechen. Der derart «Glaubende» vertraut sich und seiner Selbst- und Weltdeutung und damit gerade nicht dem Dreieinigen.

[7] Die Folge reicht von der Schöpfung über das Endgericht bis zum ewigen Leben nach dem irdischen Dasein.

[8] Die Nummerierung der Personen dient hier ihrer Unterscheidung; keinesfalls soll damit eine Folge ihrer Entstehung oder eine Wertung ihrer Mächtigkeit usw. ausgedrückt sein; vgl. dazu die oben zitierten Ausführungen aus dem Athanasianischen Glaubensbekenntnis, S. 15, Anm. 1.

Zuwendung Gottes zum Menschen darstellt. Dass sich Gott dem glaubenden Ich in heilvoller Weise zugewendet hat, dies wird wiederum die Auslegung einzelner Aussagen erweisen.

Diese beiden Kriterien fordern von der Interpretation des Apostolikums zum einen Verständigung über die *Allmacht* Gottes. Zum anderen ist die Auslegung herausgefordert, die Gott wesentliche *Liebe* zu beschreiben. Die einheitliche und heilsrelevante Zuwendung Gottes zu seinem Geschöpf in seinen drei Personen ist Manifestation seiner allmächtigen Liebe.[9] Gottes allmächtiges und entsprechend einheitliches Tätigsein[10] ist das Wirken seiner Liebe, die als sein Wesen durch sein Wirken und in seinen Taten erkannt werden kann, und zwar aufgrund seines allmächtigen Liebeswirkens.

Was die Untersuchung zeigt, ist dies, dass das Apostolikum ein Bekenntnis zu Gottes Liebe und Allmacht ist. Es verlangt – das ist die These der vorliegenden Untersuchung – von denen, die es sprechen, das Bekenntnis zu Gottes allmächtiger Liebe. Dabei benennt das Apostolikum zugleich auch den Grund für den Glauben an die allmächtige Liebe, indem es nämlich den Glaubensgegenstand in drei Artikeln entfaltet.

---

[9] S. dazu im Folgenden.

[10] Keine der drei Personen ist mächtiger als die andere (s. dazu o. S. 15, Anm. 1). Sie wirken gemeinsam allmächtig, indem keine der Personen das Wirken der anderen beschränkt, weil keine weniger mächtig ist als die andere und ihr Wirken irgendwie verändert und also beschränkt werden könnte.

II. Die drei Artikel

II.1. Zum ersten Artikel

Ich glaube an Gott Vater Allmächtigen,
Schöpfer Himmels und der Erden.

II.1.1. Gott der Vater

Gott wird im ersten Glaubens-Artikel mit drei Bezeichnungen näher bestimmt. Der Glaube an Gott, so heißt es hier, ist der Glaube an den Vater, den Allmächtigen und den Schöpfer.

Die Bezeichnung «Vater» steht an erster Stelle und gibt Auskunft über das Wesen Gottes. Mit der Bezeichnung soll nicht ausgesagt sein, dass Gott eine sexuelle Bestimmtheit oder einen geschlechtsspezifischen Charakter hätte. Das bedeutete eine Vermenschlichung Gottes.

Zwar können die Aussagen über Gott und alle Bezeichnungen Gottes, mit denen der Mensch seinen Glauben in sprachlich-verständlicher Weise bekennt, immer nur solche sein, die der Mensch in seiner Sprache findet. Doch und gerade deshalb ist bei allen Aussagen über Gott, über sein Wesen und Wirken immer mitzubedenken, dass es mit Menschenworten beschrieben wird. Menschenworte ermöglichen, einen Sachverhalt zum Ausdruck zu bringen und zu kommunizieren. Den Gegenstand jedoch, den sie bezeichnen und mit Bildern (mit Vergleichen oder Metaphern o. Ä.) verständlich zu machen suchen, übermitteln sie nicht unmittelbar.

Die Bezeichnung Gottes als «Vater» charakterisiert Gottes Bezogenheit auf seine Schöpfung, die von ihm abstammt. Als Vater ist der Schöpfer seiner Schöpfung untrennbar oder vielmehr genetisch verbunden. Doch nicht nur diese unaufhebbare Verbundenheit, sondern auch die Qualität seiner Bezogenheit auf seine Schöpfung ist mit der Rede von Gottes Väterlichkeit ausgesagt. Die Beschaffenheit dieser Bezogenheit ist dem glaubenden Ich durch das Wirken der Person des zweiten Artikels deutlich geworden: Jesus Christus hat ihm gezeigt, dass Gott der Vater nicht nur Vater der Person des Sohnes ist.[1] Vielmehr hat der Sohn dem glaubenden Ich die väterliche Zunei-

---

[1] Vgl. dazu das Athanasianische Glaubensbekenntnis, BSLK (28–30) 29: «Der Vater ist von niemand weder gemacht, noch geschaffen, noch geborn. Der Sohn ist allein vom Vater, nicht gemacht, noch geschaffen, sondern geborn. Der heilige Geist ist vom Vater und Sohn, nicht

gung Gottes zu seiner gesamten Schöpfung erwiesen. Vom Christusereignis[2] her ist klar, dass Gottes Vatersein dies bezeichnet, dass er in fürsorglicher Liebe seinen Geschöpfen zugewandt ist.[3] Im Vaterunser, dem Gebet, das als Gebet Jesu Christi überliefert ist, wird diese Bezogenheit vom betenden Ich vertrauensvoll angenommen.[4]

Besonders missverständlich ist die Rede von Gott dem Vater, wenn sie vor dem Hintergrund der Erfahrung gewalttätiger, treuloser oder überbehütender Väter gehört wird. Es gilt damit ernst zu machen, dass die Rede von Gott dem Vater menschliche Rede ist, die sich einer Metapher bedient, um Gottes Zuwendung auszusagen. Diese Zuwendung wird in den biblischen Schriften unter anderem mit väterlicher Liebe verglichen.[5] Nur aber vom Christusereignis her kann diese Liebe angemessen verstanden werden.

In Jesus Christus ist *Gottes Liebe* manifest geworden. Im Christusereignis ist sie als das *Wesen Gottes* des Dreieinigen geoffenbart.[6] Ausschließlich durch sie ist das Wirken Gottes, ist sein gesamtes Handeln bestimmt. Dass Gottes Handeln von seiner Liebe bestimmt ist, bedeutet keine Einschränkung der göttlichen Handlungsmacht. Vielmehr ist eben das Liebeshandeln Gottes dasjenige Handeln, das ganz und gar ihm selbst entspricht.[7]

---

gemacht, nicht geschaffen, nicht geborn, sondern ausgehend.» Gleichwohl sind Vater, Sohn und Geist gleichewig; s. o. S. 15, Anm. 1.

[2]   Das «Christusereignis» oder «Christusgeschehen» bezeichnet das heilswirksame Geschehen in und durch Gott den Menschgewordenen.

[3]   Vgl. hierzu Wolfhart Pannenberg, Das Glaubensbekenntnis, 40: «Bei Jesus rückte der Gedanke der fürsorgenden Vatergüte Gottes, die jedem einzelnen Menschen zugewendet ist, in die Mitte seines Gottesverständnisses. [...] So ist der Vatername für Gott im Munde Jesu nicht mehr nur das Gottessymbol einer patriarchalisch geordneten Gesellschaft.» – Entsprechend könnte auch von Gott als «Mutter» die Rede sein.

[4]   S. Mt 6,9–15; Lk 11,2–4.

[5]   S. z. B. Lk 15,11–32.

[6]   S. v. a. 1Joh 4,8.16: «Wer nicht liebt, hat Gott nicht erkannt, denn Gott ist Liebe.» (V. 8); «Gott ist Liebe, und wer in der Liebe bleibt, bleibt in Gott und Gott bleibt in ihm.» (V. 16) S. dazu Martin Luthers Beschreibung des göttlichen Wesens: Siebte Invokavitpredigt, WA 10/III, (55–58) 56, Z. 2f.: «got ist ein glüender backofen foller liebe, der da reichet von der erden biß an den hymmel.»

[7]   Luther hält in seiner Auslegung des ersten Artikels fest, Gott sei «ein freundlicher Vater, der für uns sorget, daß uns kein Leid widerfahre», und zwar «aus lauter Liebe und Güte» (Martin Luther, Großer Katechismus, Von dem Glauben, Der erste Artikel, BSLK 648, Z. 49f.48).

II.1.2. Gott der Allmächtige

Das Apostolikum nennt Gott Vater und bezeichnet ihn als allmächtig. Zweimal sogar, nämlich im ersten und im zweiten Artikel, ist von Gott als dem allmächtigen Vater die Rede. Die Allmacht ist die einzige Eigenschaft Gottes, die im Apostolikum explizit genannt ist. Dass Gott ewig, allwissend oder allgegenwärtig sei, ist nicht ausdrücklich festgehalten. Doch, wie noch deutlich werden soll, impliziert Gottes Allmacht auch Eigenschaften wie Ewigkeit oder Allwissenheit. Entscheidend für das Verständnis der Allmacht Gottes ist, dass sie die Allmacht der Liebe ist.

Wenn von Gottes Allmacht die Rede ist, dann müssen grundlegend zwei Fragen berücksichtigt werden. Zum einen gilt es Antwort darauf zu geben, was denn das «Alles» ist, zu dem Gott mächtig sein soll. Zum anderen ist Auskunft darüber verlangt, ob Gott überhaupt will, zu was er mächtig ist, und ob er wohl auch dazu mächtig sei, seine Allmacht aufzugeben.

Mit Macht wird die Fähigkeit bezeichnet, etwas Mögliches zu realisieren. Allmacht ist dementsprechend das Vermögen, alles Mögliche wirklich werden zu lassen. Gott der Allmächtige ist also fähig zur Verwirklichung sämtlicher Möglichkeiten. Diese Möglichkeiten können jedoch weder beliebige sein noch eine vorgegebene Menge, aus der Gott wählte. Sämtliche Möglichkeiten müssen in Gottes Macht begründet sein, weil sonst seine Macht nicht die Macht über alles wäre; sie wäre vielmehr eingeschränkt durch eine vorgegebene Auswahl an Möglichkeiten.

Wenn jedoch alle Möglichkeiten, die bestehen, sich immer schon Gottes Macht verdanken, ist ihre Beschaffenheit nicht beliebig. Vielmehr sind diese Möglichkeiten der Allmacht Gottes immer schon Möglichkeiten, die mit seiner Liebe übereinstimmend sind. Denn alles, was Gott möglich ist, ist ihm möglich in seiner Liebe. Gott ist alles möglich, was seiner Liebe entspricht. Seine Allmacht ist die Allmacht seiner Liebe.

Dagegen könnte eingewendet werden, dass diese Annahme doch eine Beschränkung der Allmacht Gottes bedeute. Es sei eine unangemessene Beschränkung Gottes, anzunehmen, er könne nur Möglichkeiten seiner Liebe verwirklichen. Zudem zeige die vorfindliche Realität, dass auch solches wirklich sei, was mit Gottes Liebe nicht übereinstimmen könne. Mit dem Verweis auf Naturkatastrophen, Krieg und Verbrechen, Krankheit und Bosheit in der Welt wird dieses Argument unterstrichen. Auch über die Möglichkeiten zu solchem Übel, die doch keine Möglichkeiten der Liebe sein könnten, müsse grundsätzlich Gott verfügen, da er eben über alle Möglichkeiten mächtig ist.

Diese Überlegungen werfen die Frage auf, ob außer dem Guten auch das Übel in der Welt zu Gottes Möglichkeiten zählt. Bei der Beantwortung dieser Frage muss mitbedacht werden, dass zahlreiches Leiden in der Welt unmittelbar menschlichen Taten entstammt. Entsprechend muss danach gefragt werden, ob Gott dem Menschen die Möglichkeit gegeben habe, Übel und Unheil zu wirken.[8]

Angesichts des Übels in der Welt wird gefragt, wie dieses mit Gottes allmächtiger Vaterliebe vereinbar sein könne. Auf diese Frage, die Frage der *Theodizee*[9] kann verschieden reagiert werden:

Zum einen kann geleugnet werden, dass Gott tatsächlich allmächtig ist. Für das Übel in der Welt kann eine andere Macht neben Gott verantwortlich gemacht werden. Gottes Macht wird folglich auf die Macht zum Guten reduziert. Hierbei werden Gottes Wollen und Gottes Können voneinander getrennt gedacht. Gott soll zwar ausschließlich das Gute wollen. Doch zur Verwirklichung seines Willens scheint er unfähig zu sein, weil eine andere Macht die Ausführung seines Wollens verhindert.

Zum anderen kann festgestellt werden, dass die Annahme, Gottes Handeln sei von Liebe geleitet, nicht zutrifft. Gott wird dann zwar als allmächtig beschrieben. Sein Wesen jedoch wird nicht ausschließlich als Liebe bestimmt; auch eine unversöhnte oder zornige Seite scheint ihm eigen zu sein.

Um zu verhindern, dass Gott «zweiseitig» oder gar «zweigesichtig» vorgestellt wird, wird auch dies in der theologischen Literatur erwogen, dass Gott aus einer Fülle von Möglichkeiten nur diejenigen wähle, die er in seiner

---

[8] S. dazu im Folgenden.

[9] Die Frage der *Theodizee* ist die Frage nach der Rechtfertigung Gottes angesichts des Übels in der Welt. Mit dem Ausdruck «Theodizee» hat Gottfried Wilhelm Leibniz die genannte Frage bezeichnet; s. dazu den Titel seiner Abhandlungen zur Theodizee: «Essais de Théodicée sur la bonté de Dieu, la liberté de l'homme et l'origine du mal» von 1710. Der Titel (zu Deutsch: «Abhandlungen zur Theodizee über die Güte Gottes, die Freiheit des Menschen und den Ursprung des Bösen») macht deutlich, dass jeder Antwortversuch auf die Frage der Theodizee nicht nur die Güte Gottes, sondern auch die Freiheit des Menschen in den Blick nehmen muss. Jede Antwort darauf, ob der Mensch überhaupt Freiheit hat, Freiheit, sich zu bestimmten Taten zu entscheiden und in freier Weise zu handeln, lenkt das Nachdenken über die Theodizee in die eine oder andere Richtung. Je mehr Freiheit dem Menschen zugedacht wird, desto weniger Allmacht scheint Gott zugeschrieben werden zu können. Wird aber ernstgenommen, dass Gott in Allmacht den Menschen erschuf und der Mensch also prinzipiell und unhintergehbar abhängig ist von seinem Schöpfer, dann scheint die menschliche Freiheit immer schon durch Gottes Macht bestimmt zu sein. Je entschiedener die Allmacht Gottes hochgehalten wird, desto mehr scheint davon ausgegangen werden zu müssen, dass das Handeln des Menschen durch Gottes Allmacht bestimmt, ja determiniert ist.

Liebe verwirklichen wolle. Alle anderen Möglichkeiten würden nicht durch sein Wollen, sondern qua seines mächtigen «Nichtwollens» realisiert.[10] Zugleich mit dieser Allmachtsbehauptung wird Gott allerdings für unfähig gehalten, die Realisation von nichtgewollten Möglichkeiten zu verhindern. Auch ist fraglich, woraus die nichtgewollten Möglichkeiten denn entstammen; wenn sie mit Gottes Liebe nicht kompatibel sind und doch von ihm als ihrem Urheber ausgegangen wird, dann scheint sein Wesen nicht nur Liebe zu sein.

Die Frage, ob Gott mächtig sei, etwas Mächtigeres als sich selbst zu wirken oder seine Allmacht zugunsten einer anderen Macht zu beschränken, kann nur verneint werden. Das liegt schon daran, dass mit ihrer Bejahung die Allmachtsaussage selbst aufgehoben wäre. Gott wäre dann eben nicht länger zu allem mächtig. Zudem übersehen solche Fragen und Überlegungen stets dies, dass Gottes Allmacht als Grund und Ursache alles dessen, was ist, immer schon allem, was ist, vorausgesetzt ist. Die Allmacht Gottes, die darin besteht, dass Gott Urheber ist von allem, was möglich und dann auch wirklich ist, kann nicht nachträglich eingeschränkt werden durch andere mächtige Dinge. Gottes Allmacht von Ewigkeit her lässt sich nicht durch Wesen entmachten, die in seiner Allmacht begründet sind, und denen im Nachhinein,

---

[10] Vgl. hierzu Karl Barth, Dogmatik im Grundriß, 65: Karl Barth stellt «von diesem ganzen Bereich, den wir das Übel nennen: dem Tod, der Sünde, dem Teufel und der Hölle fest[]: das Alles ist *nicht* Gottes Schöpfung, sondern vielmehr das durch Gottes Schöpfung Ausgeschlossene, das, wozu Gott Nein gesagt hat. Und wenn es eine Realität des Bösen gibt, so kann es nur die Realität dieses Ausgeschlossenen und Verneinten sein, die Realität hinter Gottes Rücken, an der er vorübergegangen ist, indem er die Welt geschaffen und sie gut geschaffen hat. [...] Was nicht gut ist, das hat Gott nicht geschaffen, das hat nicht geschöpfliches Sein, sondern wenn ihm überhaupt Sein zuzusprechen ist und wir nicht lieber sagen wollen, daß es das Nicht-Seiende ist, so nur die Macht *des* Seins, das der Wucht des göttlichen Nein entspringt.» Barths Position gründet nicht nur in einer erheblichen Vermenschlichung Gottes, die dessen Gottheit widerspricht (Gott hat keinen Rücken, auf dem er keine Augen hat), zudem leugnet Barth die brutale Realität der Sünde und des Todes, indem er das Übel als gar nicht seiend beschreibt. S. hierzu auch die Ausführungen von Karl Barth in seiner Kirchlichen Dogmatik, in der er unter dem Ausdruck des «Nichtigen» die wirklich gewordenen nichtgewollten Möglichkeiten Gottes zusammenfasst: «Nur davon lebt es [d. i. das Nichtige], daß es das ist, was Gott nicht will. Aber eben davon lebt es: weil und indem nicht nur Gottes Wollen, sondern auch Gottes Nichtwollen kräftig ist und also nicht ohne reale Entsprechung sein kann. Die reale Entsprechung des göttlichen Nichtwollens ist das Nichtige.» (Karl Barth, KD III,3,50,406) S. dazu Anne Käfer, Inkarnation und Schöpfung, 235f.

also unter Bedingungen der Zeit,[11] die für Gott gar nicht gelten, Macht zugestanden wird.

Allerdings ist es der allmächtigen Liebe eigentümlich, dass sie sich in Jesus Christus der Ohnmacht am Kreuz hingegeben hat. Darin jedoch erweist sich eben die Macht der Liebe Gottes als unübertrefflich und unnachahmlich groß, dass sie die Ohnmacht des Kreuzesleidens und den Tod nicht scheut. Und schließlich beweist der Schöpfer seine uneingeschränkte Liebe zu den Geschöpfen, die in ihrer Allmacht die Ohnmacht des Kreuzes durch die Auferstehung des Gekreuzigten überwindet.[12]

Das Apostolikum nennt Gottes väterliche Liebe, ehe es von seiner Allmacht spricht. Gottes Allmacht ist die Allmacht des Vaters. Es ist allmächtige Liebe, in der er wirkt. Diese Einsicht hält das Apostolikum hoch. Diese Einsicht legt es allen weiteren Bekenntnisaussagen zugrunde, und diese Einsicht wiederholt es im zweiten Artikel, um ihre Bedeutung herauszustreichen.

Das Apostolikum verlangt also, Gottes Liebe und Gottes Allmacht als untrennbar zusammengehörig zu denken. Die Möglichkeiten, über die Gott mächtig ist, sind demnach nicht beliebige, sondern die Möglichkeiten seiner Liebe. Diese Möglichkeiten sind die Menge aller Möglichkeiten. Alles Mögliche ist das, was Gott möglich ist. Gott aber ist zu all dem fähig, was in Übereinstimmung mit seiner Liebe möglich ist. Nichts vermag ihn daran zu hindern, diese Möglichkeiten auch zu verwirklichen. Vielmehr treibt seine Liebe die Realisation seiner Möglichkeiten voran.

II.1.3. Gott der Schöpfer

II.1.3.1. Gottes hervorbringendes Handeln

Dass der Mensch sich selbst, andere Menschen, Tiere, Pflanzen, den Planeten Erde sowie das gesamte Universum vorfindet, das ist durch Vorgänge bedingt, die die Naturwissenschaften zu berechnen und zu beschreiben vermögen und zu deren Deutung sie Theorien aufstellen. Naturwissenschaftliche Berechnungen und Theorien dienen dem Umgang des Menschen mit Welt und Mensch. Sie zeigen Naturzusammenhänge auf und verhelfen auf diese Weise dem Menschen dazu, sich in der Welt als der Gesamtheit alles Seins zu orientieren, das Zusammenleben verlässlich zu gestalten und Zukünftiges

---

[11] S. dazu unter II.1.3.3.
[12] S. dazu u. II.2.3.1.

zu planen. Die Kenntnis von Naturzusammenhängen und Naturgesetzen ermöglicht nicht nur die Therapie von Krankheiten und erfolgreiche Nahrungsmittelproduktion, sondern auch die Gestaltung von Lebensräumen.

Unabhängig von naturwissenschaftlichen Erkenntnissen erkennt das glaubende Ich alles Sein und den nach Gesetzen geordneten Naturzusammenhang insgesamt in Gottes allmächtiger Liebe gegründet. Gott wird vom glaubenden Ich demgemäß als *Schöpfer* des Himmels und der Erde bekannt. Als der Allmächtige ist er Grund und Urheber der *Schöpfung*, die den Prozess umfasst, der mit naturwissenschaftlichen Methoden beobachtet, analysiert und auf Naturgesetze hin erforscht werden kann. Ein Gegensatz zwischen dem Glaubensbekenntnis zu Gott dem Schöpfer und naturwissenschaftlichen Theorien über Raum-Zeit-bedingte Entstehungs- und Entwicklungsprozesse von Seiendem ist ausgeschlossen. Die Naturprozesse können unabhängig vom Schöpferglauben beobachtet und berechnet werden. Und das glaubende Ich, das die Einsicht erlangt hat, dass der Naturprozess im Schöpferhandeln Gottes begründet liegt, kann diesen gewinnbringend naturwissenschaftlich erforschen.

Richtet das glaubende Ich seinen Blick auf das Schöpferhandeln Gottes, stellen sich einige Fragen. Die Frage nach dem Anfang der Schöpfung wird laut (a). Fraglich ist zudem, warum Gott die Welt erschuf (b) und warum sie so beschaffen ist, wie sie beschaffen ist (c).

a) Weil die Schöpfung in Gott dem Vater und Allmächtigen begründet liegt, ist es nicht möglich einen Zeitpunkt für den Anfang der Schöpfung anzugeben. Ein zeitlicher Beginn der Entwicklung des Universums mag wohl errechnet werden können. Gottes schöpferisches Handeln aber ist als Verwirklichung seiner Liebesmöglichkeiten nicht zeitlich verfasst. Das allmächtige Wirken Gottes ist auch durch Zeit und Raum nicht eingeschränkt. Weder kann das Wirken Gottes als allmächtiges durch eine andere Macht beeinträchtigt werden noch durch Raum- oder Zeitvorgaben begrenzt sein. Raum und Zeit sind selbst geschaffene Strukturen und also in Gottes allmächtigem und darum zeitunabhängigen (ewigen) und raumunabhängigen (allgegenwärtigen) Wirken begründet.

Für Gottes zeitunabhängige Setzung von Zeit kann, eben weil sie zeitunabhängig ist, kein Zeitpunkt ausgemacht werden. Der allmächtige Schöpfer hat seine Schöpfung zeitunabhängig und überhaupt «aus nichts» geschaffen.[13] Gottes Allmacht ist nur dann gewahrt, wenn sie weder durch zeitliche, räumliche, materielle noch ideelle Vorgegebenheiten bedingt vorgestellt wird. Die Schöpfung ist aus nichts außer Gott selbst geschaffen, weil sie allein Gottes allmächtiger Liebe entstammt. Sie entstammt ausschließlich der Äußerung seines Wesens, das allmächtige Liebe ist.[14] Bei der Rede von Gott dem Schöpfer ist nicht ausschlaggebend, welche naturwissenschaftliche Theorie über das Wann und Wie der Entstehung und Entwicklung des Universums mehr oder weniger zutreffend ist. Vielmehr drückt das Bekenntnis zu Gott dem Schöpfer aus, dass nichts unabhängig von seinem allmächtigen Handeln entstanden ist und besteht. Der Raum-Zeit-bedingte Naturprozess ist grundlegend umfasst von Gottes Schöpfungstätigkeit.

Gottes Schöpferwirken aus nichts außer ihm selbst ist durch keine Vorgegebenheit außer ihm bedingt. Sein allmächtiges Verwirklichen seiner Liebes-Möglichkeiten muss ebenso ewig und unabhängig sein wie sein liebegeleitetes Wirken dieser Möglichkeiten. Von Ewigkeit her ist Gottes väterliches Wesen mit dem Erschaffen solcher Wirklichkeit befasst, in der seine Liebe zum Ausdruck kommt, in der sie erkannt und erwidert werden kann. Dass die Erkenntnis und die Erwiderung seiner Liebe Gottes ewige Absicht ist, das ist dem glaubenden Ich durch das Christusereignis deutlich.[15]

b) Dem glaubenden Ich ist bewusst, dass die Liebe, die Gott wesentlich ist, nach Gegenliebe strebt und damit nach der Verwirklichung von Liebesgemeinschaft.[16] Da Gott die Liebesgemeinschaft mit seinen Geschöpfen von Ewigkeit her will und sie in seiner Allmacht uneingeschränkt zu verwirklichen vermag, kann von ihr ausgesagt werden, dass sie von Ewigkeit her vorhergesehen und auch vorherbestimmt ist. Eine Notwendigkeit, die Realisation seiner Liebesabsicht gegen irgendeinen Widerstand durchzusetzen und gar mit Gewalt Gemeinschaft zu erzwingen, besteht für Gott nicht; er ist

---

[13] Als «creatio ex nihilo», «Schöpfung aus nichts» wird Gottes Schöpferhandeln u. a. im Anschluss an Röm 4,17 beschrieben. Hier ist festgehalten, dass Gott «die Toten lebendig macht und was nicht ist, ins Dasein ruft». Dass Gott der Allmächtige die Schöpfung aus nichts außer sich selbst schafft, ist dem Christgläubigen deutlich, der weiß, dass Gott den Gekreuzigten vom Tod zum Leben auferweckt hat; s. dazu u. II.2.3.1.

[14] Über das, was vor der Schöpfung gewesen sein mag, kann nach Luther der Mensch nichts wissen. Es gehöre der aller Zeit ewig voraus liegenden Ewigkeit und der Unbegreifbarkeit des «nudus Deus» (des «nackten Gottes») an, s. Martin Luther, Vorlesungen über 1. Mose, WA 42, 14, Z. 29.

[15] S. dazu u. II.1.3.3.c).

[16] Erst in der Gegenliebe findet die Liebe ihre Erfüllung.

überhaupt durch nichts genötigt, seine Liebesabsicht zu verwirklichen. Ihre Realisation ist allein in seiner Liebe begründet.

Sämtliche Geschöpfe sind schlechthin in Gottes Liebe begründet. Ihre unhintergehbare Abhängigkeit von Gott ist eben die Abhängigkeit von seiner ewigen Liebe. Und weil Gottes Liebe Gegenliebe nicht nötig hat, jedoch erstrebt, darum muss das Abhängigkeitsverhältnis der Geschöpfe zu Gott so gestaltet sein, dass in ihm von Ewigkeit her wahre Gegenliebe, Liebe frei von Notwendigkeit und Zwang möglich ist.

Damit Gott in seiner Schöpfung, insbesondere in seinen menschlichen Geschöpfen ein Gegenüber hat, das zur Gegenliebe fähig ist, müssen Funktionalität und Qualität der Geschöpfe wie der Schöpfung insgesamt dementsprechend beschaffen sein. Da Gottes Schöpfung allmächtiger Ausdruck seines Liebeswesens ist, ist die Beschaffenheit der Schöpfung zur Erreichung der Liebesgemeinschaft vollkommen geschaffen.[17] Qualitätsabstriche und die Annahme einer nur mittelmäßigen Schöpfung bedeuteten entweder eine Reduktion der Liebe Gottes oder eine Leugnung seiner Allmacht.[18] An beidem aber hält das Apostolikum fest.

c) Das Apostolikum hält daran fest, obwohl die geschaffene Welt von Übel und Elend geprägt ist. Denn das Glaubensbekenntnis ist eben Ausdruck des Glaubens daran, dass Gott in Ewigkeit Schöpfer der Schöpfung ist. Über Zeit und Raum und die zeitlich bedingten Naturprozesse hinweg ist die Schöpfung von Gott in Ewigkeit gehalten, und zwar als das vollkommene Produkt seiner Liebe, dem er sich in Jesus Christus in Zeit und Raum zuwendet, um es von Übel und Leid zu befreien.[19]

Die vom Schöpfer vorhergesehene und vorherbestimmte Liebesgemeinschaft mit seiner vollkommenen Schöpfung wird nicht unabhängig von raumzeitlichen Prozessen verwirklicht. Nur dann ist Liebe und auch «ewige Liebe» möglich, wenn für das Kennenlernen und Erkennen Gottes und das Entstehen einer Beziehung zwischen Mensch und Gott ausreichend Zeit gelassen ist. In dieser Zeit kann das Vertrauen der Geschöpfe wachsen, wenn sie mehr und mehr erleben, dass Gottes Zuwendung auch in Not und Leid nicht nachlässt, sondern verlässlich ist.

---

[17] Die biblische Qualitätsaussage über die Schöpfung, die den biblischen Kanon eröffnet, heißt «sehr gut» (Gen 1,31: «Und Gott sah alles an, was er gemacht hatte, und sieh, es war sehr gut.»)

[18] Vgl. hierzu Friedrich Hermanni, Das Böse, 285–291.

[19] S. dazu im Folgenden.

Es ist der Schöpfung und den Geschöpfen eigen, sich unter den Bedingungen von Raum und Zeit hin zu der Schöpfungsgestalt zu entwickeln, die der Schöpfer mit der Schöpfung von Ewigkeit her realisiert.[20] Würde diese Schöpfungsgestalt bereits von Anbeginn der raum-zeitlichen Schöpfung an bestehen, wäre eine raum-zeitliche Entwicklung der Beziehung zwischen Gott und Mensch überflüssig. Vollkommenes Leben wäre immer schon wirklich. Es müsste kein Leid erlebt und keine Todesangst erlitten werden.

Dann aber hätte der Schöpfer den Geschöpfen keinen Möglichkeitsraum gegeben, der ihnen die Erkenntnis des Schöpfers und ihres eigenen Selbst gewährt. Es würde über sie gleich Puppen verfügt, die der Schöpfer nicht als mündige, zur Gegenliebe geschaffene Gegenüber behandelt, sondern als Produktionsmaterial und Unterhaltungsprodukte verwendet. Eine Schöpfung mit solchen Geschöpfen bestünde aus Notwendigkeit, nicht aus Liebe.[21] Gott hätte dann keine Möglichkeiten der raum-zeitlichen Entwicklung gelassen, sondern mit einem Mal gesetzt, was er für nötig hält.

Nicht nur Übel und Tod auch ein Endgericht gäbe es in der vollkommenen «Puppenstube»[22] nicht. Denn es gäbe kein Gegenüber, das auf Liebe hin ansprechbar und mit dem Beziehung zu gestalten möglich ist. Dass eben darauf aber das Wirken der allmächtigen Liebe zielt, das bekräftigt das Apostolikum im zweiten Artikel. Die Rede vom allmächtigen Vater wird nicht nur dessen Schöpfertätigkeit zugeordnet, sondern auch mit der Aussage über das Endgericht verbunden.

II.1.3.2. Gottes erhaltendes und lenkendes Handeln

Nicht nur dies, dass Gott die Welt aus Liebe geschaffen hat, ist durch Gottes väterliche Allmacht bedingt. Auch dies, dass er sie erhält und ihrem Ziel entgegenleitet, ist dadurch gewahrt. Die Schöpfung, die Gott in seiner ewi-

---

[20] S. dazu Martin Luther, Disputatio de homine, Thesen 35 und 36, 669: Nach Luther ist «der Mensch dieses Lebens Gottes bloßer Stoff für das Leben in seiner zukünftigen Gestalt. Wie auch die ganze Kreatur, die jetzt der Nichtigkeit unterworfen ist, für Gott der Stoff ist für ihre herrliche künftige Gestalt.»

[21] Zu der These, dass Gott gerade aus Liebe nicht unmittelbar eine vollkommene Welt in Raum und Zeit verwirklicht vgl. Markus Mühling, Liebesgeschichte Gott, 357: «Gott kann [...] auch nicht einfach mit dem Finger schnippen und die Liebe des Menschen herbeizaubern. Denn dann wäre es eben keine spontane Liebe des Menschen mehr. Dann wäre der Mensch ein Spielball Gottes, dann wäre das, was der Mensch sein soll, nämlich Liebe, gerade aufgegeben. Dann wäre die Gottesbeziehung eine vollständig manipulative Beziehung und keine Liebe mehr.»

[22] S. dazu auch u. S. 36, Anm. 39.

gen Allmacht wollte und wirkte, entwickelt sich für die Geschöpfe in Raum und Zeit. Der Schöpfungsprozess steht unter den Bedingungen von Zeit und Raum.

Ihre genetische Abhängigkeit von Gott dem Vater und Schöpfer kann die Schöpfung nie verlieren. Der gesamte Schöpfungsprozess entwickelt sich in dieser Abhängigkeit. Doch kann Gottes Tätigkeit als Schöpfer unterschieden werden in sein hervorbringendes und sein erhaltendes Handeln. Hervorgebracht ist die Schöpfung von Ewigkeit her allein durch Gott und durch nichts außer ihm. Auch erhalten wird sie allein durch ihn und in seiner Macht. Gottes erhaltende Tätigkeit gilt jedoch dem Schöpfungsprozess, der sich unter den Bedingungen von Raum und Zeit entwickelt. Es ist dieser Schöpfungsprozess durch die ewige Schöpfung bestimmt, er vollzieht sich aber im raumzeitlichen Zusammenleben der Geschöpfe und im Fortgang des Naturgeschehens nach Naturgesetzen, das Gott in seiner allmächtigen Liebe in Raum und Zeit erhält, begleitet und gemäß seinem ewigen Schöpfungswillen leitet.

Entsprechend ist Gottes erhaltende und lenkende Tätigkeit kein Handeln, das die Schöpfung jeden Tag, jeden Moment neu erschaffte und gar irgendwann anders gestaltete.[23] Vielmehr macht die Unterscheidung des erhaltenden und leitenden Handelns Gottes von seinem hervorbringenden Handeln darauf aufmerksam, dass Gott zwar von Ewigkeit her seine Schöpfung gewollt und geschaffen hat, sie jedoch in Raum und Zeit zu dem Zweck ihrer Vollendung erhält und leitet; dies geschieht insbesondere durch das Wirken der «zweiten» und der «dritten» Person. Die Vollkommenheit der Schöpfung, die für Gott von Ewigkeit her ausgemacht ist, kann auf Seiten der Geschöpfe nur in Raum und Zeit Wirklichkeit werden.

Weil der Schöpfungsprozess von Gott dem Allmächtigen von Ewigkeit her vorhergesehen und vorherbestimmt ist, darum sind im Schöpfungsgeschehen (konsequenterweise) keine einzelnen, besonderen Wirkungen von Seiten der Geschöpfe denkbar, die dessen Zusammenhang störten und so ein beson-

---

[23] S. aber Karl Barth, KD III,2,46,418: Vom Menschen sagt Karl Barth aus, dass er von Gott «begründet, konstituiert und erhalten wird [...]. [...] *Er wird* begründet, konstituiert und erhalten. Es muß das wirklich immer wieder, es muß das jeden Morgen, ja jeden Augenblick, neu geschehen. [...] Daß er [Gott] den Menschen geschaffen *hat*, heißt *nicht*, daß er *aufgehört* hat, ihn zu schaffen, heißt vielmehr: daß er ihn als das Wesen geschaffen hat, das eben durch ihn selbst in immer neuem Schöpfungsakt wieder begründet, wieder konstituiert, wieder erhalten werden soll [...].»

deres Handeln Gottes herausforderten.[24] Gottes erhaltendes Handeln ist nicht mit der Herausforderung konfrontiert, während der raum-zeitlichen Entwicklung Veränderungen oder Verbesserungen an der Schöpfung vornehmen zu müssen.

Indem Gottes erhaltendes Handeln als ein solches angenommen wird, das die Schöpfung in Raum und Zeit zu ihrer ewig vorhergesehenen Vollendung führt, ist ausgeschlossen, dass der Schöpfer den Schöpfungsprozess samt seinen Naturgesetzlichkeiten eines Tages ändern wollte. Eine solche Änderung würde Gott nicht nur in die Abhängigkeit von Raum und Zeit hineinstellen. Auch müsste ein Anlass gegeben sein, den Prozess zu ändern, der doch in seiner allmächtigen Liebe begründet und darum ganz im Sinne seiner Liebe verfasst ist. Ein solcher Anlass kann aber weder durch eine geschaffene Macht gewirkt werden noch im Ewigen irgendwann einmal entstehen.

Gottes Allmacht impliziert, dass Gott von Ewigkeit her uneingeschränkt und also auch uneingeschränkt von (vermeintlichen) Unvorhersehbarkeiten seine Liebesmöglichkeiten wirkt. Seinem allmächtigen Liebeswirken kann sich keine (geschaffene) Macht in einer Weise entgegenstellen, die seine Allmacht (nachträglich) beschränkte.[25]

Ausgeschlossen ist grundsätzlich auch dies, dass Gott seine Bezogenheit auf die Schöpfung jemals beendete. Um seiner ewigen Liebe willen bleibt er

---

[24] Dies Aussage scheint jede Aufforderung zur Bewahrung der «Schöpfung» hinfällig zu machen. Umweltethik scheint aus christlicher Sicht überflüssig zu sein. Es ist jedoch zum einen die Zerstörung des Planten Erde und der ihn bewohnenden Geschöpfe nicht identisch mit der Zerstörung der «Schöpfung», die dem Geschaffensein des Planten Erde in Ewigkeit vor- und übergeordnet ist durch die Allmacht des Schöpfers. Zum anderen steht alle christliche Ethik vor der Frage, wie sie die Allmacht Gottes und entsprechend die (Handlungs-)Freiheit des Menschen versteht. Eine *Ethik*, die von völliger Bestimmtheit allen Handelns und Geschehens in der geschaffenen Welt ausgeht, kann konsequenterweise ausschließlich eine *deskriptive*, keine *normative* Ethik sei (jedenfalls kann sie nicht damit rechnen, dass Normen, die sei benennt, als solche handlungsleitend sind). Bewahrung der «Schöpfung» verstanden als Bewahrung der Erde und der Lebenszusammenhänge auf ihr muss Thema christlicher Ethik sein, insofern diese als deskriptiv und normativ verstanden wird. – Vgl. zum Zusammenhang von christlichem Schöpfungsglauben und christlicher Umwelt- bzw. Technikethik Überlegungen von Eilert Herms im Blick auf die Probleme der Kernenergie: Eilert Herms, Technikrisiken, v. a. 259: «[A]us der Sicht des christlichen Daseinsverständnisses macht es einen Unterschied, ob die Geschichte durch ein – prinzipiell vermeidbares – Technikversagen zu Ende geht oder im Zuge der kosmischen Gesamtevolution, in der sie auch entstanden ist und deren Verlauf sie insgesamt in Wille und Plan des Schöpfers begründet glaubt.» – Zum Verständnis der Handlungsfreiheit des Menschen, die in vorliegender Studie vertreten wird, s. unter anderem u. S. 36, Anm. 39.

[25] S. zu diesen Ausführungen Friedrich Schleiermacher, CG §§47.54.55.

seiner Schöpfung verbunden. Gleich wie sich die Geschöpfe verhalten, kann dadurch die allmächtige Liebe Gottes nicht geschmälert werden. Gottes Liebe kann durch das Wirken der Geschöpfe, die er selbst aus nichts als Liebe erschaffen hat, keine Einschränkung erfahren. Es wäre Gottes Liebe nicht allmächtig und ewig, hätte sie Geschöpfe hervorgebracht, die Gottes Liebe mindern und gar sich selbst aus ihrer Abhängigkeit von seiner Liebe lösen könnten.[26]

II.1.3.3. Das menschliche Geschöpf

Das glaubende Ich erkennt, dass Gott in allmächtiger Liebe die Schöpfung hervorbringt und zu ihrer Vollendung hin erhält. Die Erkenntnis des hervorbringenden Handelns ist ihm deshalb möglich, weil das erhaltende Handeln Gottes die Möglichkeit dieser Erkenntnis gewährt. Mit der raum-zeitlichen Entwicklung der ewigen Schöpfung ist der Möglichkeitsraum gegeben, in dem das menschliche Geschöpf seine eigene unhintergehbare Abhängigkeit vom Allmächtigen als Liebesbeziehung von Seiten Gottes erlebt, diese bejaht und auf Gottes allmächtige Liebe als den Grund der gesamten Schöpfung vertraut.

Gerade die erhaltende Tätigkeit Gottes macht die Liebe des Schöpfers deutlich. Weil Gott aus ist auf Liebesgemeinschaft mit seinen Geschöpfen lässt er Zeit. Er gibt Zeit, «nimmt» sich selbst Zeit dafür, dass die Geschöpfe mit ihm bekannt werden und so nach und nach seine Allmacht, und zwar die Allmacht seiner Liebe erkennen, mit der er die Schöpfung hervorgebracht hat.[27] Dieser Prozess verlangt die Überwindung der *Sünde*, die maßgeblich das Leben des menschlichen Geschöpfs bestimmt (a); in seiner Sündhaftigkeit bewirkt das menschliche Geschöpf Sündentaten (b), die gleichwohl den Prozess selbst nicht aufzuheben vermögen (c).

a) Solange ihm die Erkenntnis nicht gegeben ist, dass Gott die Schöpfung in allmächtiger Liebe hervorgebracht hat und erhält, lebt das menschliche Ge-

---

[26] Es wäre der Allmacht Gottes zuwider, würde die Freiheit der Geschöpfe als Fähigkeit vorgestellt, in Gottes *vorherbestimmtes* Wirken *prinzipiell* verändernd eingreifen zu können. Durch menschliches Handeln werden zwar Taten gewirkt, die mehr oder weniger oder auch gar nicht dem Wohl der Mitgeschöpfe und der geschaffenen Welt insgesamt dienen und so der Annahme allmächtiger Liebe zu widersprechen scheinen. Doch ist jegliches menschliches Handeln in Gottes Wirken fundiert, Gottes Allmacht ermöglicht und bestimmt grundlegend, was ein Mensch zu handeln vermag. Daran vermag der Mensch auf Grund seiner Abhängigkeit von Gottes Allmacht grundsätzlich nichts zu ändern.

[27] S. dazu v. a. die Auslegung des zweiten Artikels u. II.2.

schöpf in Sünde. Das menschliche Geschöpf, das in Unkenntnis der allmächtigen Liebe lebt, schreibt entweder einem geschaffenen Ding oder Wesen Macht über sich und sein Leben zu, oder es hält sich selbst für mächtig, über die eigene Existenz zu verfügen.[28] Das menschliche Geschöpf unter der Sünde sucht und sieht den Sinn seines Lebens in bestimmten Lebensereignissen, in eigenen Leistungen, in finanzieller Absicherung, in seinem Ansehen vor den Menschen oder in seinen Beziehungen mit ihnen. Sinnerfüllung erwartet es sich beispielsweise von glücklichen Umständen, von anderen Menschen, vom Dienst am Nächsten oder auch von seiner eigenen Leistungsfähigkeit.

Es kann bei seinem Streben und Begehren nach Erfüllung seiner Ansprüche und Sehnsüchte nicht sehen, dass auch anderes Leben als das eigene leben will und gut leben will. Denn es erkennt die Geschöpfe ebensowenig wie sich selbst als Werke Gottes; es erkennt nicht die fundamentale Angewiesenheit aller Geschöpfe auf den Schöpfer und schon gar nicht dessen Liebe. Sein Erleben wie sein Tätigsein in der Welt ist nicht am Liebes- und Heilswillen des Dreieinigen orientiert. Entweder nutzt und benutzt es die Mitgeschöpfe als Mittel zu seinem eigenen Heil und Nutzen in mehr oder weniger gewalttätiger Weise. Oder aber verehrt es bestimmte Geschöpfe als Machthaber über sein Leben, indem es diese für «Götter» hält und sich ihnen unterordnet. So missachtet es die Würde der Mitgeschöpfe und die wahre Beschaffenheit der Schöpfung insgesamt.

Dass das eigene Sein ein Sein unter der Sünde ist, das wird dem menschlichen Geschöpf erst mit der Offenbarung der allmächtigen Liebe Gottes in Kreuz und Auferstehung Christi deutlich.[29] Von diesem Offenbarungsereignis an ist dem menschlichen Geschöpf die Sünde als solche bekannt. Gleichwohl ist mit diesem Ereignis, das vor dem Hintergrund des bisherigen Lebens weder unvorbereitet noch plötzlich eintritt, keineswegs gewirkt, dass die Sünde nun nicht mehr das Leben belastete. Vielmehr ist dieses auch weiterhin von Gottlosigkeit und entsprechender Lieblosigkeit[30] geprägt. Doch nicht

---

[28] S. hierzu Martin Luther, Großer Katechismus, Das erste Gebot, BSLK 560ff.

[29] S. dazu u. II.2.1.2. – Zum reformatorisch geprägten Verständnis von «Sünde» s. Christine Axt-Piscalar, Art. Sünde, in: TRE, Bd. 32, 400–436; vgl. v. a. die Ausführungen unter 7. (428–430) und zur Erkenntnis der Sünde durch das Liebeswirken Gottes, 430: «Das eigentliche Wesen und Ausmaß der Sünde wird eröffnet in der Anschauung des Erlösers und vollends aufgedeckt in dem Verstehen des Kreuzes Jesu Christi. Mithin wird das eigentlich Wesen der Sünde im Glauben erfaßt.»

[30] Mit «Lieblosigkeit» ist im Folgenden bezeichnet, dass der Nicht-Glaubende nicht im Bewusstsein der Liebe Gottes lebt und dementsprechend sein Leben und Handeln nicht von Gottes Liebe geleitet ist. Weil Gottes Liebe als Liebe schlechthin angenommen wird, kann ausgesagt werden, dass der Nicht-Glaubende lieblos handelt. Selbstverständlich schließt dies

länger Unkenntnis ist der Grund. Gottvergessenheit und vermeintliche Gottferne zeichnen das sündige Dasein desjenigen aus, dem sich Gott bereits zu
erkennen gegeben hat. Seine Gottvergessenheit und sein Gotteszweifel
werden ihm immer wieder und immer dann entdeckt, wenn sein Glaube
erneut gestärkt und sein Bewusstsein für Gottes allmächtige Liebe gekräftigt
wird. Dann kann er rückblickend erkennen, dass er vergaß und bezweifelte,
was ihm doch deutlich gewesen war.

Besonders leidvoll wird die Sünde des Gotteszweifels erlebt. Denn im
Gotteszweifel geht das sündige Geschöpf davon aus, Gott habe sich abgewandt, sei fern und verborgen. Das Erleben vermeintlicher Gottferne lastet
schwer.[31] Der Zweifelnde kennt die allmächtige Liebe wohl, vermag aber –
vor allem in schweren Leidsituationen, in Krankheit oder Todesangst – nicht,
sie als wirksam zu erleben und sich ihr vertrauensvoll hinzugeben. Er nimmt
an, Gott habe ihm seine Liebe entzogen, und er hadert mit Gott, den er für
zornig und ungerecht hält.[32]

Das Nichtvorhandensein einer vertrauensvollen Liebesbeziehung mit Gott
dem Allmächtigen ist, davon geht die vorliegende Untersuchung aus, Sünde
und bedingt das Ausbleiben «guter Werke»[33]. Die Taten, die aus dem Sün-
denzustand eines Menschen hervorgehen, sind gott- und lieblose Sünden-

---

nicht aus, dass das Wort «Liebe» auch ohne Einsicht in die Liebe Gottes im zwischen-
menschlichen Miteinander und im Zusammenleben der Geschöpfe mit anderem Sinngehalt
verwendet wird.

[31] Vgl. dazu Martin Luther, Von den guten Werken, WA 6, (196–276) 208, Z. 10ff. (in
modernisiertem Deutsch): «Hier [d. i. ist in Krankheit, Armut, Streit] ist Kunst, zu Gott, der
sich zornig stellt nach allem unserem Sinn und Verstand, gute Zuversicht zu haben und bes-
seres von ihm zu erwarten, als empfunden wird. Hier ist er so verborgen, wie es die Braut im
Hohelied Salomos [Hoheslied 2,9] sagt: ‹Sieh, er steht hinter der Wand und sieht durch die
Fenster›, das ist so viel wie: Unter den Leiden, die uns von ihm scheiden wollen wie eine
Wand, ja eine Mauer, steht er verborgen und sieht doch auf mich und lässt mich nicht. Denn
er steht und ist bereit, zu helfen in Gnade, und durch die Fenster des dunklen Glaubens lässt
er sich sehen.»

[32] Leid und Tod sind unabhängig davon, wie sie erlebt werden, belastende Realität irdischen
Daseins. Gleichwohl werden sie unterschiedlich erlebt. Im Vertrauen auf Gott ist gewiss,
dass sie um der allmächtigen Liebe Gottes willen niemals Totalitätsansprüche erheben können.

[33] S. dazu Martin Luther, Von den guten Werken, WA 6, (196–276) 206, Z. 8–13 (in modernisiertem Deutsch): «Hier kann nun ein jeglicher selbst merken und fühlen, wenn er Gutes und
nicht Gutes tut: Denn findet er sein Herz in der Zuversicht, dass es Gott gefalle, so ist das
Werk gut, wenn es auch so gering wäre als einen Strohhalm aufheben, ist die Zuversicht
nicht da oder Zweifel dabei, so ist das Werk nicht gut, ob es schon alle Toten aufweckt und
sich der Mensch verbrennen ließe.»

taten.[34] Das Tätigsein des sündigen Menschen ist bestimmt von Lieblosigkeit gegenüber Gott und dessen Schöpfung, zu der er selbst gehört. Dem sündigen Geschöpf ist es nicht möglich, das Geliebtsein von Gott mit Liebe zu Gott zu erwidern und diese Liebe auf Gottes gesamte Schöpfung zu richten, auf den Nächsten und sich selbst; es erfüllt das höchste Gebot das «Dreifachgebot» der Liebe gegen Gott, den Nächsten und sich selbst nicht. Der Forderung: «Du sollst den Herrn, deinen Gott, lieben mit deinem ganzem Herzen und mit deiner ganzen Seele und mit deinem ganzen Verstand. [...] Du sollst deinen Nächsten lieben wie dich selbst»[35] vermag es nicht nachzukommen.[36]

b) Warum und wie es dazu kommt, dass der Mensch in Sünde lebt und Sünde tut, diese Frage fordert das Bekenntnis zu Gottes allmächtiger Liebe besonders heraus. Die Beschreibung der Ursächlichkeit von Sünde und Sün-

---

[34] Hier geht es ausschließlich um die Beschaffenheit menschlichen Handelns, wie sie allein von Gott eingesehen werden kann; es ist die allem menschlichen Handeln zugrundeliegende Gesinnung im Blick. Aus evangelischer Sicht ist hierbei von Bedeutung, ob menschliches Handeln aus Liebe zu Gott oder nicht aus Liebe zu Gott erfolgt. Es ist hier nicht abgehoben auf einzelne Motivationen, die zu bestimmten Taten führen, wie beispielsweise Hass, Neid, Zorn, Gier, Mitleid oder das Bedürfnis, helfen zu wollen. Diese Beweggründe sind jeweils durch das Vorhandensein oder Nichtvorhandensein von Gottesliebe bestimmt. Schon die Beweggründe selbst sind allerdings durch andere Menschen schwer auszumachen, die zugrundeliegenden Glaubensüberzeugungen können gar nicht erkannt werden. Erkennbar sind Taten. Insbesondere solche Taten, die als gefährlich für andere Menschen und die Gesellschaftsordnung insgesamt erachtet werden, werden unter anderem und vor allem im demokratischen Rechtsstaat anhand einer Strafgesetzordnung geahndet. Solche Taten können aus verschiedenen Gründen erfolgen. Unabhängig von jeglicher Gesinnung gilt es um der weltlichen Ordnung willen zu verhindern, dass derartige Taten ausgeführt werden. – Christliche Überzeugungen können insbesondere im demokratischen Rechtsstaat insofern von rechtsrelevanter Bedeutung sein, als sich einzelne Christenmenschen in Verantwortung vor Gott für Gesetzgebung, Rechtsprechung und -ausübung verantwortlich zeigen; christliche Kirchen können und sollten zum Wohl der weltlichen Ordnung beratend tätig sein; vgl. zu diesen Überlegungen auf dem Boden der Zwei-Reiche-/Zwei-Regimente-Lehre Martin Luthers: Anne Käfer, Freiheit oder Sicherheit?

[35] Vgl. Mt 22,37.39. Dieses Gebot entspricht dem ersten Gebot der Zehn Gebote. Denn es fordert das ausschließliche Vertrauen auf Gott, das die Bedingung dafür ist, dass alle anderen Gebote, die dem Nächsten und dem handelnden Ich selbst dienen, angemessen erfüllt werden; nur im Glauben an Gott werden die Forderungen Gottes in Liebe und also wahrhaft erfüllt; s. dazu Martin Luther, Von den guten Werken, WA 6, 206f.

[36] S. dazu Anne Käfer, Von Abgötterei und Selbsthingabe, 191. Zum Verständnis der rechten *Selbstliebe* eines Menschen s. auch Martin Luther, Heidelberger Disputation, These VII, 42/43: «Si enim timeret, non esset securus, ideoque nec sibi placeret, sed in Deo sibi placeret.»/«Wenn er [d. i. der Mensch] nämlich [Gott] fürchtete, wäre er nicht [selbst]sicher und hätte folglich auch nicht Gefallen an sich selbst, sondern würde sich in Gott gefallen.»

dentaten muss einerseits berücksichtigen, dass Gott in Allmacht tätig ist, diese Allmacht jedoch die Allmacht seiner Liebe ist. So scheint grundsätzlich ausgeschlossen werden zu müssen, dass Gott in seiner Liebe das Leid und Übel wollte, das durch die Sündentaten der Menschen in der Welt gewirkt und erlebt wird.

Andererseits jedoch ist alles Sein und Tätigsein des Menschen prinzipiell in Gottes Allmacht begründet und also durch Gott bestimmt. Dass der Mensch in Sünde lebt und handelt, ist grundsätzlich durch das allmächtige Wirken Gottes bedingt. Es steht nicht in der Macht des Menschen, sich selbst aus der Sünde zu befreien und von seiner Lieblosigkeit zu erlösen.[37] Das menschliche Geschöpf wird ohne Kenntnis der allmächtigen Liebe Gottes geboren und dementsprechend lebt und handelt es in Sünde.

Die Tatsache, dass der Mensch nicht schon als glaubendes Ich geboren wird, verneint nicht die in Gottes allmächtiger Liebe begründete Beschaffenheit des Menschen.[38] Weil er Produkt der Liebe Gottes ist, muss der Mensch von Ewigkeit her als Gegenüber Gottes und zu ewiger Liebe geschaffen sein. Eben diese ewige Vollkommenheit des Menschen aufgrund der Liebe Gottes impliziert jedoch, dass Gott den Menschen nicht nötigt und zwingt und determiniert, sondern ihn seine Taten relativ frei wählen lässt. Um der Liebe willen muss für den Menschen eine, wenn auch geringe, aber doch relative Handlungsfreiheit angenommen werden. Auf dem Boden seiner ewigen Be-

---

[37] S. u. III.3.

[38] S. dazu o. II.1.3.1.b) und v. a.: Konkordienformel, Epitome I. Von der Erbsünde, BSLK 770, Z. 26ff.: «Wir glauben, lehren und bekennen, daß ein Unterschied sei zwischen der Natur des Menschen, nicht allein wie er anfangs von Gott rein und heilig ohne Sünde erschaffen, sonder auch wie wir sie jtzunder nach dem Fall haben, nämblich zwischen der Natur, so auch nach dem Fall noch ein Creatur Gottes ist und bleibt, und der Erbsünde, und daß solcher Unterschied so groß als der Unterschied zwischen Gottes und des Teufels Werk sei.» Gegen die «flacianische» oder «manichäische» Erbsündenlehre wird dementsprechend festgehalten: «Wir verwerfen und verdammen auch als ein manichäischen Irrtumb, wann gelehrt wird, daß die Erbsünde sei eigentlich und ohne allen Unterschied des vorderbten Menschen Substanz, Natur und Wesen selbst» (a. a. O., 774, Z. 13ff.). Gegen die «pelagianische» Erbsündenlehre wird festgehalten: «Desgleichen verwerfen wir auch den pelagianischen Irrtumb, da vorgegeben wird, daß die Natur des Menschen auch nach dem Fall unverderbt und sonderlich in geistlichen Sachen ganz gut und rein in ihren naturalibus, das ist, in ihren natürlichen Kräften, geblieben sei.» (a. a. O., 773, Z. 11ff.) S. dazu Friedrich Schleiermacher, der sein Erbsündenverständnis in Abgrenzung gegen das «flacianische»/«manichäische» einerseits und das «pelagianische» andererseits durchbuchstabiert; s. CG 65,2,403 und die folgenden Paragraphen bis CG §85.

stimmtheit und in seiner zeitlich bedingten Sündhaftigkeit wählt und tätigt ein Mensch Sündentaten, für die er verantwortlich ist.[39]

Gottes allmächtiger Liebe kann das menschliche Geschöpf nicht entkommen. Doch kann eben um dieser Liebe willen, die nicht Zwang und nicht Beliebigkeit ist, der Schöpfungsprozess weder vollständig determiniert noch völlig offen sein. Grund, Weg und Ziel des Schöpfungsprozesses sind durch Gottes ewige Allmacht vorhergesehen und bestimmt. Doch kann das Tätigsein des Menschen im Schöpfungsprozess nur dann das Tätigsein eines mün-

---

[39] Wie auch im Folgenden noch deutlich werden wird, stellt die Allmacht Gottes vor die Herausforderung, Macht und Freiheit des Menschen angemessen zu denken. Insofern nichts ist und geschieht, was nicht durch Gottes allwissende und ewige Allmacht bedingt ist, scheint der Mensch als bloße Puppe, als Marionette Gottes sein Leben zu leben. Der Machtfaden Gottes scheint jeglichen Gedanken und jede Tat eines Menschen immer schon determiniert zu haben. Diese Vorstellung von der Wirksamkeit der Allmacht Gottes ist meines Erachtens jedoch nicht kompatibel mit der Liebe Gottes. Jedenfalls dann nicht, wenn Gottes Liebe nicht als (ausschließlich) väterliche/elterliche Fürsorge gegenüber unmündigen Kindern verstanden wird. Wird Gottes Liebe als Streben nach Gemeinschaft mit einem Gegenüber vorgestellt, das in relativer Mündigkeit und auf dem Boden eigener Lebenserfahrung mit ihm eine Beziehung eingeht, dann muss diesem Gegenüber in seinem irdischen Dasein ein Möglichkeitsraum gegeben sein, in dem es selbst eigene Taten wirkt, für die es haftbar gemacht werden kann. Die Annahme, dass Gott eine Liebesgemeinschaft mit einem mündigen Gegenüber erstrebt, wertet die Liebe Gottes auf, die sich eben nicht auf entmündigende «Vaterschaft» reduzieren lässt. Zugleich damit ist die Verantwortlichkeit der menschlichen Geschöpfe ausgeweitet.

Nach Martin Luther ist der Mensch Gott gegenüber insofern unfrei, als er grundsätzlich nicht zu entscheiden vermag, ja nicht einmal diese Entscheidungsmöglichkeit zu sehen vermag, ob er sein Leben in Bezogenheit auf Gott führt oder nicht. Was das menschliche Geschöpf jedoch im Glauben oder im Nichtglauben entscheidet und tut, ist einer relativ freien Wahl verdankt. Nach Luther hat der Mensch «im Blick auf sein Vermögen [d. i. seine Fähigkeiten] und seinen Besitz ein Recht, [Dinge] nach seinem freien Willensvermögen zu gebrauchen, zu tun, zu lassen. Obwohl selbst hier durch das freie Willensvermögen Gottes alles allein dahin gelenkt wird, wohin immer es ihm gefällt». (Martin Luther, De servo arbitrio, 297; WA 18, 638). Hierzu hält Friedrich Hermanni, Metaphysik, 112, fest, dass nach Luther dem Menschen «Entscheidungs- und Handlungsfreiheit [...] in einem begrenzten Bereich eingeräumt ist». In diesem durch Gottes Liebe eingeräumten und durch seine Allmacht begrenzten Bereich entscheidet und handelt der Mensch als mündiges Wesen. S. dazu die Position der lutherischen Bekenntnisschriften: CA XVIII, BSLK 73: «Vom freien Willen wird also gelehrt, daß der Mensch etlichermaß ein freien Willen hat, äußerlich ehrbar zu leben und zu wählen unter denen Dingen, so die Vernunft begreift [...].» Die Konsequenzen der durch ihn gewählten und vollzogenen Taten werden durch Gottes *lenkende* Allmacht im Rahmen der allmächtigen Liebe gehalten; so die These, die in vorliegender Untersuchung vertreten wird.

digen, zu Gegenliebe geschaffenen Gegenübers sein, wenn es von ihm selbst gewählt und vollzogen wird und so den vorgegebenen Weg mitgestaltet.

Das Tätigsein des menschlichen Geschöpfs verdankt sich der Wahl einer Handlungsmöglichkeit aus einer bestimmten Anzahl von Handlungsmöglichkeiten. Diese Wahl ist bedingt durch die Lebenssinnüberzeugungen[40], von denen der Wählende geleitet wird. Was ihm für sein Leben sinnvoll und bedeutsam erscheint, das bestimmt seine Wahl aus den vorgegebenen Möglichkeiten.

Die Überzeugungen, die sein Wählen leiten, sind letztlich darin begründet, ob einem Geschöpf die allmächtige Liebe bereits bekannt gemacht worden ist oder nicht. Prinzipiell hängt all sein Wählen, Tun und Erleben an Gottes allmächtiger Liebe und ihrer Erkenntnis.[41] Ob diese Erkenntnis gegeben ist, ist letztlich allein Gott selbst verdankt.[42] Grundsätzlich ist in seiner allmächtigen Liebe begründet, was und wie ein Mensch handelt. Doch stets handelt eben dieser Mensch, und dies tut er auch in einer Weise, die größtes Leid verursacht. Dass sie das Leiden unter Sündentaten nicht nur begleitet, sondern selbst erleidet, das zeichnet die Liebe Gottes aus, die sich in der Überwindung des Leids zu erkennen zu gibt.[43]

---

[40] Als Lebenssinnüberzeugungen werden Überzeugungen bezeichnet, die das Leben eines Menschen grundlegend und umfassend bestimmen; sie leiten an bei Handlungsentscheidungen, deren Maßstab sie bilden; sie geben, mehr oder weniger bewusst, die Kriterien vor, ob ein bestimmtes Handeln für das eigene Leben Sinn ergibt, ob es sinnvoll ist oder nicht.

[41] Auch die Ablehnung der Liebe Gottes scheint möglich sein zu müssen, wenn doch die Annahme vermieden werden soll, dass Gottes Liebe den Menschen zur Gegenliebe zwinge; s. dazu u. III.

[42] S. dazu u. III.3. Der Zugang zu dieser Erkenntnis kann durch das Wirken von Menschen erleichtert oder auch erschwert werden; s. dazu Dietrich Bonhoeffer, Ethik, 152: Bonhoeffer hält fest, dass dort, wo «ein menschliches Leben der Bedingungen, die zum Menschsein gehören, beraubt wird, dort wird die Rechtfertigung eines solchen Lebens durch Gnade und Glauben wenn auch nicht unmöglich gemacht, so doch ernstlich gehindert. Konkret: Der Sklave, dem die Verfügung über seine Zeit soweit genommen ist, daß er die Verkündigung des Wortes Gottes nicht mehr hören kann, kann durch dieses Wort Gottes jedenfalls nicht zum rechtfertigenden Glauben geführt werden.»

[43] S. dazu Eilert Herms, Das Böse, 367: Nach Herms erleidet und «trägt» Gott die Sünde der Welt «kraft und vermöge seiner Entschlossenheit, Schöpfer dieser Welt sein zu wollen». Es sei dies die Entschlossenheit «zum kreatorischen Bewirken eines Geschehens, das in sich selbst als Werden von Gemeinschaft qualifiziert ist: als das Werden von Gemeinschaft zwischen der schöpferischen und den geschaffenen Personen. Denn mit derselben Notwendigkeit, mit der das Schöpfersein des Schöpfers sein Nichtschöpfersein ausschließt, mit derselben Notwendigkeit schließt das Werden von Gemeinschaft Leiden ein: nämlich genau das Erleiden der andern: das Erleiden der Effekte ihrer Initiative. ‹Liebe› nicht als Sentimenta-

c) Es wäre der Allmacht Gottes zuwider, würde angenommen, das sündhafte Handeln des Menschen wäre mächtig, den Schöpfungsprozess aufzuhalten und die Schöpfung Gottes gar mutwillig zu zerstören. Überhaupt wird das Wesen des ewig Liebenden klein gedacht, wird davon ausgegangen, das sündige Handeln des Menschen beleidigte den Schöpfer, kränkte ihn in seiner «Schöpferehre» und führte gar dazu, dass die Vollendung des Schöpfungsprozesses in Frage gestellt wäre.[44] In seiner ewigen Allmacht weiß der Dreieinige um das sündhafte Handeln des Menschen von Ewigkeit her, und dementsprechend hat er den Schöpfungsprozess gestaltet:

Der Dreieinige hat das menschliche Geschöpf daraufhin und dazu geschaffen, es zu erlösen.[45] Er ist in Jesus Christus Mensch geworden, damit dem menschlichen Geschöpf seine Bestimmung deutlich werde. Durch das Wirken des Heiligen Geistes erhält es Einsicht in das erlösende und schöpferische Handeln Gottes. Es wird ihm geoffenbart, dass das allmächtige Wirken Gottes in Liebe geschieht und aus ist auf Gegenliebe. Es erkennt, dass grundsätzlich und in Ewigkeit die Schöpfung sehr gut beschaffen ist;[46] gleichwohl ist in Zeit und Raum ihre Vollkommenheit noch nicht erreicht. Damit diese Vollkommenheit für die Geschöpfe wirklich wird, bedarf es des Wirkens der «zweiten» und der «dritten» Person Gottes, das ebenso ewig vorhergesehen ist wie die Vollkommenheit der Schöpfung selbst.[47]

Da alle drei Personen Gottes eines Wesens sind, wird im Wirken der «zweiten» und der «dritten» Person eben die allmächtige Liebe deutlich, die auch die «erste» Person in ihrer hervorbringenden und erhaltenden Tätigkeit

---

lität, sondern als Entschlossenheit zur Gemeinschaft ist notwendig Entschlossenheit zum Erleiden des freien Wirkens des andern.»

[44]   S. dazu aber Karl Barth, KD III,3,50,349: Nach Karl Barth ist Sünde «nicht eine Eigenschaft bzw. ein Mangel des Geschöpfes, sondern eine Beleidigung des Schöpfers und als solche seine [d. i. des Geschöpfes] Schuld».

[45]   Nach Luther hat der Schöpfer «uns eben dazu geschaffen, daß er uns erlösete und heiligte». (Martin Luther, Großer Katechismus, Von dem Glauben, Der dritte Artikel, BSLK 660, Z. 32f.) S. dazu Friedrich Schleiermacher, CG 164,2,442f.: «Alles in unserer Welt nämlich, zunächst die menschliche Natur und dann alles andere um desto gewisser, je inniger es mit ihr zusammenhängt, würde anders sein eingerichtet gewesen, und so auch der ganze Verlauf der menschlichen Begebenheiten und der natürlichen Ereignisse ein anderer, wenn nicht die Vereinigung des göttlichen Wesens mit der menschlichen Natur in der Person Christi, und infolge dieser auch die mit der Gemeinschaft der Gläubigen durch den Heiligen Geist, der göttliche Ratschluß gewesen wäre.»

[46]   S. o. II.1.3.1.b).

[47]   S. dazu Friedrich Schleiermacher, CG §§57–61.

zum Ausdruck bringt. Das Wirken der drei Personen ist durch ihre Wesenseinheit von Ewigkeit her untrennbar verbunden und wird dementsprechend stets in göttlicher Dreieinigkeit getätigt.[48] Zugeschrieben wird jedoch das *hervorbringende* und *erhaltende* Handeln der «ersten» Person, das *erlösende* und *versöhnende* der «zweiten» und das *heiligende* und *vollendende* der «dritten» Person Gottes.

---

[48] S. o. v. a. S. 15, Anm. 1.

II.2. Zum zweiten Artikel

Und an Jesum Christum, seinen einigen Sohn unsern Herrn,
der empfangen ist vom heiligen Geist,
geboren von der Jungfrauen Maria,
gelitten unter Pontio Pilato,
gekreuziget, gestorben und begraben,
niedergefahren zur Höllen,
am dritten Tage auferstanden von den Toten,
aufgefahren gen Himmel,
sitzend zur Rechten Gottes, des allmächtigen Vaters,
von dannen er kommen wird zu richten die Lebendigen und die Toten.

Mit dem zweiten Artikel bekennt sich das glaubende Ich zu Gott dem Sohn
und dem Herrn. Gottes Sohn wendet Gottes Liebe den menschlichen Geschöpfen in Raum und Zeit als Menschgewordener zu. Als der Herr regiert
und richtet er das Leben der Menschen, denen er als Menschgewordener
nahegekommen ist.

II.2.1. Gott der Sohn

Und an Jesum Christum, seinen einigen Sohn unsern Herrn

Als «Sohn» Gottes wird die «zweite» Person Gottes bezeichnet. Mit dieser
Bezeichnung ist aber keinesfalls eine genetische Abhängigkeit, eine chrono-
logische Nachordnung oder gar eine hierarchische Unterordnung der «zweiten» unter die «erste» Person gemeint. Andernfalls wäre die Einheit, Ewigkeit und Allmacht des dreieinigen Gottes nicht gewahrt.

Die Bezeichnung «Sohn» ist – gemessen am üblichen Wortgebrauch – als
Metapher zu verstehen. Sie weist außer auf die enge Verbundenheit der «ersten» und der «zweiten» Person Gottes als Vater und Sohn auch auf die Inkarnation (Menschwerdung) der Person des Sohnes hin. Diese ist im Apostolikum
als Zeugungs- und Geburtsvorgang ausgesagt, bei dem Gott als Menschen-
Sohn entsteht. Drittens eröffnet die Bezeichnung «Sohn» dem glaubenden
Ich die Nachfolge Christi in eigener «Gotteskindschaft».[49]

Was von der «zweiten» Person Gottes im Apostolikum ausgesagt wird,
das ist vom ersten Artikel zu Gott dem Vater und vom dritten Artikel zu Gott
dem Heiligen Geist gerahmt. Im zweiten Artikel selbst werden über Kreuz
der Heilige Geist zu Beginn und am Ende des Artikels Gott der Vater ge-

---

[49] S. dazu u. II.3.1.2.a).

nannt. So wird die untrennbare Zusammengehörigkeit aller drei Personen und ihres Wirkens besonders herausgestellt.

Das Wirken des Heiligen Geistes, das im zweiten Artikel ausgesagt ist, qualifiziert die Menschwerdung Christi. Die Nennung Gottes des allmächtigen Vaters wiederholt nicht nur die Aussage über Gottes Wesen, die bereits der erste Artikel enthält. Sie steht nun im Zusammenhang mit dem Wirken Christi über seinen irdischen Tod hinaus. Die erhaltende und lenkende Tätigkeit des allmächtigen Vaters wird von Seiten des Sohnes mitbestimmt durch sein erlösendes und sein versöhnendes Handeln.[50]

Der zweite Artikel gliedert sich in zwei Hälften. Im ersten Abschnitt wird das irdische Dasein Christi thematisiert, das dadurch charakterisiert ist, dass die Aussagen über Christi «Tätigsein» machtlose Passivität ausdrücken: Er wird empfangen und geboren, er leidet und stirbt. Der zweite Abschnitt handelt vom Wirken Christi im Anschluss an seine irdische Präsenz; es ist als aktiv und als machtvoll beschrieben. Diese Aufteilung des Wirkens Christi macht deutlich, dass die menschgewordene Person Gottes als *wahrer Mensch* und *wahrer Gott* zugleich vorgestellt werden muss.[51] Nur so ist die Heilsbedeutung des irdischen Daseins Gottes erkennbar und verstehbar; entsprechend dient diese Vorstellung der Reflexion über das Heilsgeschehen, das das glaubende Ich – vermittelt durch die Verkündigung des Evangeliums[52] – selbst erlebt.

Jesus Christus lebt gleich wie ein jeder Mensch in Abhängigkeit sowohl vom Handeln Gottes als auch vom Wirken anderer Menschen. Sein Geborenwerden wie sein Sterben unterliegen den Bedingtheiten, unter die der Schöpfer menschliches Leben gestellt hat; es ist zeitlich bestimmt und begrenzt und räumlich gebunden. In seinem Leiden und Gekreuzigtwerden ist Christus zudem der Macht anderer Menschen unterworfen, die ihn nicht nur *Ohnmacht*, sondern das gesamte Ausmaß der Sünde erleben lassen.

Um in Liebesgemeinschaft mit seinen Geschöpfen zu leben, wird Gott selbst Mensch und kommt seinen Geschöpfen bis in Leiden, Ohnmacht und

---

[50] S. dazu im Folgenden.

[51] S. dazu CA III, BSLK 54: «Item, es wird gelehrt, daß Gott der Sohn sei Mensch worden, geborn aus der reinen Jungfrauen Maria, und daß die zwo Natur, die göttlich und menschlich, in einer Person also unzertrennlich vereiniget, ein Christus seind, welcher wahr Gott und wahr Mensch ist [...]». – Zur Kritik an der sogenannten «Zwei-Naturen-Lehre» und ihren «modernen» Reformulierungsversuchen s. Jörg Lauster, Christologie als Religionshermeneutik, 251–253.

[52] S. dazu u. II.3.1.2.c).

Tod hinein nah. Indem Jesus Christus aufersteht von den Toten, auffährt in den Himmel und zur Rechten des allmächtigen Vaters das Weltgeschehen mitregiert und über die Geschöpfe richten wird, wird die Allmacht Gottes offenbar, die vom Tod nicht aufgehalten wird. Um der Liebe willen überwindet Gottes *Allmacht* sämtliches Leiden und den Tod. Jesus Christus, wahrer Gott, verliert seine Allmacht nicht an die Geschöpfe, denen er in Liebe nahekommt; sie wirkt vielmehr das Heil der Menschen.

Ohnmacht *und* Allmacht und damit verbunden vor allem auch Zeitlichkeit *und* Ewigkeit sind die Eigenschaften die Gott in der Person des menschgewordenen Gottessohnes auszeichnen. Sie machen den Gegensatz zwischen Gott und Mensch deutlich, der in Jesus Christus zum Heil der Geschöpfe vereinigt ist. So wie in Christus der ohnmächtige und sterbliche Mensch in engster Verbundenheit mit dem allmächtigen, ewigen Gott vorgestellt wird, so weiß sich das glaubende Ich in seinem Leben durch die Allmacht Gottes getragen und es vertraut darauf, dass Gottes Zuwendung ewig nicht enden wird. Dass diese Zuwendung, die in der Person des Sohnes auf Erden leibhaft erschien, Gottes Zuwendung zum Heil des Menschen ist, das ist in der Liebe Gottes begründet, die dem Gottsein und dem Menschsein Christi wesentlich ist. Zwar ist das Menschsein im Menschgewordenen machtlos, nicht aber lieblos. Zwar leidet dieser unter seiner Ohnmacht wie ein Mensch. Doch lebt er immer schon in Liebe zu Gott. Er verkörpert geradezu die vollkommene Liebesgemeinschaft von Gott und Mensch und personifiziert so die Liebe schlechthin.

Schlüsselstelle im zweiten Artikel ist die Wendung «niedergefahren zur Höllen», die den Übergang zwischen den beiden Teilen dieses Artikels darstellt.[53] Hier wird die machtvolle Überwindung größter Ohnmacht und größten Leids in ihrem ganzen Ausmaß deutlich.

II.2.1.1. Empfangen- und Geborenwerden

[...] der empfangen ist vom heiligen Geist,
geboren von der Jungfrauen Maria

Zwar wird im ersten Teil des zweiten Artikels mit der irdischen Präsenz der «zweiten» Person insbesondere das wahre Menschsein des Menschgewordenen betont. Doch wird gleich eingangs auch dessen wahres Gottsein herausgestrichen.

---

[53] S. dazu u. II.2.2.

42

Dass Gott in Jesus Christus Mensch geworden ist, das bringt das Apostolikum dadurch zum Ausdruck, dass es das irdische Erscheinen Gottes als dessen Geborenwerden beschreibt. Jesus Christus sei vom Heiligen Geist gezeugt und von der Jungfrau Maria geboren worden.

Jede Einzelaussage des Apostolikums kann angemessen nur im Zusammenhang mit allen anderen verstanden werden.[54] Dementsprechend muss auch die Beschreibung des Inkarnationsgeschehens auf ihren Sachgehalt und Sinn hin interpretiert werden, den sie im Zusammenhang des gesamten Bekenntnisses hat. Das Gezeugt- und Geborenwerden Christi muss zum einen als ein Geschehen verstanden werden, an dem der Dreieinige wesentlich und allmächtig beteiligt ist. Zum anderen muss es in Übereinstimmung gedacht werden mit der Verfasstheit seines eigenen Schöpfungswerkes, unter dessen Bedingungen es geschieht.

Da keine der drei Personen Gottes ohne die beiden anderen in und an der Schöpfung handelt, müssen «Vater», «Sohn» und Heiliger Geist gemeinsam wirken, wenn Gott Mensch wird.[55] Das Erzeugtwerden eines jeden Menschen ist im schöpferischen Handeln des Dreieinigen begründet. Entsprechend ist auch beim Erzeugtwerden des Menschgewordenen Gott in drei Personen beteiligt.[56]

Weil es sich bei der Menschwerdung des Gottessohnes jedoch um die Inkarnation und Menschwerdung Gottes handelt, wird die Mitwirkung des Heiligen Geistes besonders hervorgehoben; dafür steht die Wendung «empfangen vom Heiligen Geist». Als Vermittler und Überbringer der ewigen

---

[54] S. dazu schon o. u. 2. in der Einleitung.

[55] S. dazu Martin Luther, Von den letzten Worten Davids, WA 54, 60, Z. 1–6: «Gleich dem ist zu reden von der Menschheit Christi, die ist an sich selbs eine rechte Creatur, geschaffen zu gleich vom Vater, Son und Heiligem geist, Und ist nicht zu leiden im glauben, das der Vater allein, oder der Son allein, oder der Heilige geist allein diese Creatur oder Menscheit geschaffen habe, Sondern ist ein Opus indivisum trinitatis, Ein werck, welchs alle drey Personen, als ein Einiger Gott und Schepffer einerley wercks geschaffen hat [...].»

[56] Zwar wirken alle drei Personen gemeinsam die Menschwerdung des «Sohnes». Doch ist dieser allein der Menschgewordene. Martin Luther hält fest, dass «die gantze Dreifaltigkeit als ein Einiger Schepffer hie ist, und das Einige Werck, die Menscheit, geschaffen und gemacht hat, und doch die Person des Sons allein damit vereiniget und Mensch worden, nicht der Vater noch Heiliger geist. Und kanst von diesem Menschen nicht sagen, das ist Gott der Vater, oder das ist Gott der Heilige geist, Sondern must sagen, das ist Gott der Son, Ob wol Gott der Vater, Son und Heiliger geist ein Einiger Gott ist, Das du gantz recht sagest von dem Menschen, das ist Gott und ist kein ander Gott mehr [...].» (Von den letzten Worten Davids, WA 54, 60, Z. 12–20)

Liebe Gottes an die Menschen,[57] der er ist, muss er bei dieser besonderen Liebeszuwendung Gottes, besonders genannt werden.

Auf der anderen Seite hält die Rede von der «Jungfrauengeburt» fest, dass Gott sein allmächtiges Liebeswirken nicht ohne den Menschen, gar an ihm vorbei vollzieht.[58] Gemeinsam mit einer Frau wirkt Gott das Geschehen seiner Menschwerdung.[59] Indem das Apostolikum das Geborenwerden Christi durch eine Frau bekennt, stellt es dessen wahres Menschsein heraus.

Von der Beteiligung eines männlichen Menschen bei der Erzeugung Christi ist keine Rede. Allerdings jedoch ist sie damit nicht ausgeschlossen. Vielmehr ist ihre Annahme vor dem Hintergrund des Schöpferwirkens geradezu unabdingbar. Im Schöpferwirken Gottes liegt der Naturzusammenhang begründet und damit auch das Naturgesetz, dass ein menschliches Geschöpf stets eine biologische Mutter und einen biologischen Vater hat. Für die Geburt eines Menschen ist die geschlechtliche Mitwirkung eines männlichen Menschen vorausgesetzt. Das wahre Menschsein Christi kann demnach nur dann gewahrt und konsequent gedacht sein, wenn auch für seine Entstehung als wahrer Mensch ein menschlicher Vater vorausgesetzt wird. Zudem ist Gottes allmächtige Schöpferliebe nur dann ernstgenommen, wenn eine Störung des Naturzusammenhangs durch Gott selbst ausgeschlossen wird. Mit einer Aufhebung des Entstehungsvorgangs von Menschen durch die Vereinigung von menschlichen Ei- und Samenzellen durch Gott selbst müsste angenommen werden, Gott verzwecke die Geschlechtlichkeit des Mannes zur Erzeugung von Menschen; bei der Menschwerdung des Gottessohnes aber habe er den Menschen lieber selbst erzeugt – als wäre ihm ein menschlicher Mann nicht gut genug.

Dass Gott anders als bei anderen Geburten in besonderem Maße an der Schwangerschaft Marias beteiligt ist, das wird durch den Ausdruck «Jungfrau» hervorgehoben, der verhindern soll, dass die Geburt Jesu Christi als die Geburt allein eines wahren Menschen missverstanden und die besondere

---

[57] S. dazu u. II.3. die Auslegung des dritten Artikels.

[58] S. dazu das Symbolum Athanasianum, BSLK (28–30) 29: «So ist nu dies der rechte Glaube, so wir gleuben und bekennen, daß unser Herr Jesus Christus Gottes Sohn, Gott und Mensch ist: Gott ist er aus des Vaters Natur vor der Welt geborn, Mensch ist er aus der Mutter Natur in der Welt geborn.» Mit dem Bekenntnis, dass Jesus Christus von Maria geboren worden ist, wird die menschliche «Natur», nämlich die in Jesus Christus *konkrete Menschheit* Gottes, zum Ausdruck gebracht. S. dazu Anne Käfer, Inkarnation und Schöpfung, 33–39.

[59] Diese Vorstellung ist vor allem im Lukasevangelium ausgeführt, wobei deutlich gemacht wird, dass sich die Schwangerschaft Marias nicht einem Gewaltakt, sondern der Zustimmung Marias verdankt; s. Lk 1,38.

Beteiligung Gottes im Heiligen Geist übersehen wird. Der Ausdruck «Jungfrau» bezeichnet also nicht eine «biologische» Jungfrauschaft, sondern muss gleich wie die Bezeichnungen Gottes als «Vater» und «Sohn» als Metapher verstanden werden. Die metaphorische Bezeichnung Marias als Jungfrau streicht heraus, dass in Jesus Christus Gott selbst Mensch geworden ist; mit ihr ist das wahre Gottsein Christi betont.[60]

Damit ist zudem auch die *Sündlosigkeit* des Menschgewordenen herausgestellt. Denn darin unterscheidet sich Jesus Christus von allen menschlichen Geschöpfen, dass er nicht sündhaft geboren wird.[61] Vielmehr vereinigt er – aufgrund des besonderen Wirkens Gottes im Geist – von Anbeginn seines irdischen Daseins wahres Menschsein und wahres Gottsein. Er ist die vollendete Liebesbeziehung von Gott und Mensch und stellt so die Sündlosigkeit dar, zu der die menschlichen Geschöpfe durch ihn erlöst werden sollen.

Die Sündlosigkeit des Menschgewordenen kann nicht dadurch bedingt sein, dass er von einer biologischen Jungfrau geboren worden sein soll. Die tradierte Vorstellung, durch den menschlichen Geschlechtsakt würde die Sündhaftigkeit des Menschen vererbt und entsprechend müsse die Geburt Christi als Geburt von einer Jungfrau verstanden werden, nimmt weder die biologische Bedingtheit der Entstehung eines Menschen noch Wesen und Ausmaß der Sünde ernst.[62]

---

[60] Die Rede vom besonderen Wirken des Heiligen Geistes und der Jungfrauschaft Marias, die im Apostolikum hervorgehoben wird, bringt zum Ausdruck, dass in Jesus Christus eben Gott selbst Mensch wird. Das Vereintsein von Gott und Mensch in Jesus Christus verlangt jedoch auch eine «menschliche» Entstehung Jesu Christi; er ist wahrer Mensch von Anbeginn seines irdischen Daseins an.

[61] S. Martin Luther, Großer Katechismus, Von dem Glauben, Der zweite Artikel, 652, Z. 37–40: Luther hält fest, «daß er [d. i. Gottes Sohn] Mensch worden, von dem heiligen Geist und der Jungfrauen ohn alle Sunde empfangen und geporen, auf daß er der Sunden Herr wäre [...].»

[62] S. dazu die Konkordienformel, Solida Declaratio, I. Von der Erbsünde, BSLK (843–866) 853: Die Konkordienformel hält fest, es sei durch den «Sündenfall» «die menschliche Natur [...] verkehrt und verderbt»; diese sündige Verderbung werde «allen Menschen, so natürlicherweise von Vater und Mutter empfangen und geboren werden, angeerbet [...]. Dann nach dem Fall wird die menschliche Natur nicht erstlich rein und gut geschaffen und darnach allererst durch die Erbsünde verderbet, sondern im ersten Augenblick unser Empfängnus ist der Same, daraus der Mensch formieret wird, sündig und verderbt.» S. auch a. a. O., 847: «Zum andern ist auch das klar und wahr [...], daß Gott nicht ist ein Schöpfer, Stifter oder Ursach der Sünden, sondern aus Anstiftung des Teufels ‹durch einen Menschen ist die Sünde› (welche ist ein Werk des Teufels) ‹in die Welt kommen› Rom. 5.; 1. Johan. 3. Und noch heutzutage in dieser Vorderbung schafft und macht Gott in uns die Sünde nicht, sondern mit der Natur, welche Gott heutzutage an den Menschen noch schaffet und machet,

Dass die Sündlosigkeit des Menschgewordenen auf einer biologischen Jungfrauschaft Marias beruhen soll, ist schon deshalb eine Annahme wider Gottes Schöpferwirken, weil Gott als Schöpfer das Entstehen eines Menschen, den er aus Liebe geschaffen hat, eben als ein biologisches Werden durch die Vereinigung von weiblichen und männlichen Fortpflanzungszellen geschehen lässt. Die These, dass Sünde aus diesem biologischen Prozess hervorgehen soll, nimmt das lebensbedrohliche Gewicht der Sünde nicht ernst. Dieses besteht in der Gottlosigkeit und Lieblosigkeit des Menschen. Solche Gott- und Lieblosigkeit kann sehr wohl das Entstehen eines Menschen bedingen und begleiten und sein Leben von Geburt an prägen. Sie ist aber keinesfalls durch den Geschlechtsakt als solchen verursacht. Gerade der Geschlechtsakt trägt dazu bei, dass ein neues Geschöpf geboren wird, das in seinem Leben zur Beziehung mit Gott gelangen kann. Eben solche Beziehung eröffnet der Inkarnierte, der selbst aufgrund des besonderen liebevermittelnden Wirkens Gottes im Geist von seiner Entstehung an die vollkommene Liebesgemeinschaft von Gott und Mensch verkörpert.[63]

II.2.1.2. Leiden, Sterben und Tod

[...] gelitten unter Pontio Pilato,
gekreuziget, gestorben

Um auszudrücken, dass Gott mit den menschlichen Geschöpfen um ihretwillen an ihnen handelt und das nicht ohne sie oder gar an ihnen vorbei, verbindet das Apostolikum das Bekenntnis zur Person des Sohnes mit zwei Menschen, die namentlich genannt werden. Diese beiden stehen Pars pro toto zum einen für diejenigen Geschöpfe, die darauf hinwirken, dass Gottes Liebesabsicht in der Welt verwirklicht wird, zum anderen für diejenigen, die Christus nicht erkennen.

Das Apostolikum hält fest, dass bei Geburt wie Tod des Gottessohnes jeweils ein bestimmter Mensch ausschlaggebend beteiligt gewesen ist. Als Kooperatorin bei der Geburt des Gottessohnes wird die *Jungfrau Maria* genannt. Im Gegensatz dazu ist *Pontius Pilatus* maßgeblicher Mitarbeiter beim Leiden und Sterben des Gottessohnes.[64] Maria steht für diejenigen Menschen,

---

wird die Erbsünde durch die fleischliche Entpfängnus und Geburt von Vater und Mutter aus sündlichem Samen mit fortpflanzet.»

[63] Zu Argumenten wider die Annahme einer biologischen Jungfrauengeburt s. v. a. Friedrich Schleiermacher, CG 97,2,72–81.

[64] So wie Maria in ihre Schwangerschaft einwilligt, so willigt Pilatus in die Forderungen des Volkes, den Menschgewordenen kreuzigen zu lassen. Der Evangelist Lukas, der einzige der

die bei Gottes Liebeshandeln mitarbeiten. Pilatus hingegen repräsentiert diejenigen, die nicht erkennen können, wer Jesus Christus in Wirklichkeit ist. Dieses Gegensatzpaar, junge, machtlose Frau auf der einen und politisch-einflussreicher Mann auf der anderen Seite, steht für die Breite an Möglichkeiten im Zusammenwirken von Gott und Mensch. So verschieden diese sind, sind sie doch allesamt in Gottes Allmacht gegründet. Mit dem Machthaber Pontius Pilatus ist nicht nur der Gegensatz zu Maria benannt. Mit dieser historisch verbürgten[65] Person ist auch darauf hingewiesen, dass die Menschwerdung Gottes zu bestimmter Zeit an bestimmtem Ort in der geschaffenen Welt geschah. Zeit und Raum und überhaupt das Sein menschlicher Geschöpfe entstammen der Allmacht Gottes. Mit seiner Menschwerdung in Zeit und Raum, durch die er sich in unüberbietbarer Weise seinem Schöpfungsprodukt zuwendet, bringt der Allmächtige die Hochschätzung seines eigenen Werkes zum Ausdruck. Er begibt sich selbst unter die naturgesetzlichen Bedingungen der geschaffenen Welt, ohne diese außer Kraft zu setzen. Er fügt sich ein in den Naturzusammenhang und er verliert dabei doch seine Allmacht nicht. Vielmehr macht er im Christusgeschehen deutlich, dass seine allmächtige Liebe durch nichts beschränkt und aufgehalten wird, auch durch Tod und Leiden nicht.

Unmittelbar an die Aussage über das Empfangen- und Geborenwerden Jesu Christi schließt die Rede von seinem Leiden und Sterben unter Pontius Pilatus an. Die Zeitspanne zwischen Geburt und Tod, die in den biblischen Texten (v. a. in den vier Evangelien) viel Platz einnimmt, scheint für das Bekenntnis des christlichen Glaubens nicht weiter bedeutsam zu sein. Es fehlt jegliche Erwähnung des Lebensweges Christi, seiner Jüngerberufung, seines Wunderwirkens oder auch seines Erzählens von Gleichnissen. Das kann damit begründet werden, dass das Glaubensbekenntnis allein die Ereignisse nennt, die für das glaubende Ich heilsentscheidend sind. Es sind ausschließ-

---

vier Evangelisten, der ausführlich von einer Jungfrauengeburt handelt (s. aber auch Mt 1,18), schildert das Handeln von Maria und Pilatus als Zustimmung einerseits zum Willen Gottes (Maria) und andererseits zum Willen des Volkes (Pilatus); s. Lk 1,38 und Lk 23,24f.

65 S. Daniel R. Schwartz, Art. Pontius Pilatus, in: RGG⁴, Bd. 6, 1489: «Pontius Pilatus, fünfter röm. Statthalter der Provinz Judäa (Palästina). P. war Flavius Josephus zufolge 26 n. Chr., möglicherweise jedoch schon i. J. 19 von Tiberius ernannt worden und war ungefähr bis zum Tode des Tiberius i. J. 37 im Amt.» – Zur Person des Pilatus im Apostolikum s. Karl Barth, Credo, 71: «Wie kommt Pontius Pilatus ins Credo?» Nach Karl Barth stehen Name und Person des Pilatus für «die Zeit des unversöhnten Menschen» (a. a. O., 104).

lich diejenigen Ereignisse genannt, die dem glaubenden Ich unmittelbar Erlösung und Heil bedeuten.[66] Es sind dies diejenigen Geschehnisse, bei denen der Menschgewordene in Person die allmächtige Liebe Gottes in ihrer größtmöglichen Zuwendung zu den Geschöpfen zeigt. Im Leiden und mit seinem Tod am Kreuz bringt Gott zum Ausdruck, dass er sich aus allmächtiger Liebe ohnmächtig der Sünde ausgeliefert hat.

Die «zweite» Person Gottes litt und starb nicht, um die Sünde als unerwarteten Zwischenfall zu beseitigen und gar den Schaden, den sie angerichtet hatte, nachträglich zu beheben und in Zukunft klein zu halten. Die Sünde als die Gott- und Lieblosigkeit des Menschen ist dem Dreieinigen von Ewigkeit her bekannt. In seiner Liebe hat er die Entwicklung seiner Schöpfung darauf hin angelegt, mit dem Menschen in Liebesgemeinschaft zu leben. In diese aber wird der Mensch nicht schon hineingeboren. Mit seinem Schöpfer kann der Mensch nur durch Zeit und Raum hindurch bekannt und vertraut werden. Um sich dem Menschen in seiner Liebe zu erkennen zu geben, ist Gott ihm bis in den Sündentod hinein nahegekommen.

Der Allmächtige, der in Jesus Christus Mensch geworden ist, scheut das ohnmächtige Leiden nicht. Dieses Leiden ist einerseits durch das sündhafte Wirken der menschlichen Geschöpfe bedingt (a). Andererseits ist es das Leiden, das die Menschen selbst unter der Sünde erleiden und aus dem nur Gott sie erlösen kann (b).

a) Leiden und Tod des Menschgewordenen werden durch Menschen gewirkt. Pontius Pilatus lässt Jesus Christus durch Soldaten kreuzigen, nachdem der Jünger Judas den Menschgewordenen verraten hat.[67] Gleichwohl ist dieses Wirken bestimmter Menschen in Gottes vorhersehender und vorherbestimmender Allmacht gegründet.[68] Leiden und Sterben des Menschgewordenen

---

[66] Anders interpretiert Karl Barth, Credo, 67: «Gerade indem das Symbol [d. i. das Apostolikum] nicht nur die Kreuzigung und den Tod Jesu Christi, sondern zuerst und für sich sein *Leiden* nennt, überspringt es die übrige Lebensgeschichte Jesu offenbar nicht, weist es mindestens zurück auf ‹die ganze Zeit seines Lebens auf Erden›, charakterisiert es sie als Ganzes als seine Leidenszeit.» Dass Jesus Christus während seines Lebens auf Erden ausschließlich gelitten habe, ist allerdings in den Evangelien, gerade dann, wenn sie Jesus als Wundertäter und Krankenheiler schildern, nicht zu lesen.

[67] S. z. B.: Mk 15,16ff.; Mt 27,27ff.

[68] Nach Luther ist auch der Verrat des Judas (s. z. B.: Mk 14,10f.; Mt 26,14ff.) von Gott vorhergewusst und vorherbestimmt gewesen; s. Martin Luther, De servo arbitrio, 479; WA 18, 715f.: «Wenn Gott vorherwusste, Judas werde der Verräter sein, dann wurde Judas notwendig ein Verräter. Es lag dann nicht in der Hand des Judas oder irgendeiner Kreatur, anders zu handeln oder den Willen zu ändern, auch wenn er das willentlich und nicht ge-

geschehen nicht, weil Menschen mächtig wären, sich gegen Gott zu erheben. Wie sie ihn töten, das ist durch ihr Handeln bedingt. Dass sie ihn töten, das ist durch Gottes Allmacht verfügt. Es *musste* geschehen, was geschah, weil Gott selbst es wollte.[69] Sein allmächtiges Wollen und Wirken kann durch nichts, durch keine Macht und kein Ereignis der geschaffenen Welt eine Veränderung oder Beschränkung erfahren. Dass Gott in Jesus Christus Mensch geworden ist, litt und starb und auferstand, das ist von Ewigkeit her durch seine allmächtige Liebe vorherbestimmt; dies muss eben um der allmächtigen Liebe willen angenommen werden.

Auch Gottes eigener Tod muss in seiner allmächtigen Liebe begründet sein; gleichwohl wird er von Menschen (im Apostolikum vertreten durch die Gestalt des Pilatus) gewirkt. Unter Pontius Pilatus und zur Zeit seiner Herrschaft erleidet Jesus Christus in Jerusalem den Tod am Kreuz, weil er nicht nur für einen politischen Unruhestifter gehalten wird,[70] sondern vom «Volk» oder vielmehr den Hohenpriestern und Ältesten des Volkes[71] sogar der Blasphemie für schuldig befunden wird. Ihm wird die Sünde der Gotteslästerung zum Vorwurf gemacht, die mit dem Kreuzestod bestraft wird.[72] Weil er sich, so der Vorwurf, in seinem Reden und Tun Gottesmacht und Göttlichkeit angemaßt habe,[73] hängt Jesus Christus, wie es zu seiner Zeit üblich war, als Sünder am Kreuz.[74]

---

zwungen tat. Aber dies Wollen war das Werk Gottes, das er nach seiner Allmacht bewegte wie auch alles andere. Es steht nämlich der unbesiegbare und einleuchtende Satz fest: ‹Gott lügt nicht noch täuscht er sich.› [...] Wenn Gott sich nicht täuscht in dem, was er vorherweiß, ist es notwendig, dass eben das Vorhergewusste eintrifft. Wer könnte sonst seinen Zusagen glauben?»

[69] Zum göttlichen «es muss» s. u. a. Lk 22,37: «Dieses Schriftwort muss an mir erfüllt werden: Und zu den Missetätern wurde er gerechnet [Jes 53,12].» Als Gekreuzigter wurde Jesus Christus zu den Übeltätern seiner Zeit gezählt, s. dazu im Folgenden.

[70] S. Lk 23,2.

[71] S. dazu z. B.: Mk 15,11; Lk 22,66ff.; Joh 19,6ff.

[72] Vgl. Lev 24,16 (s. dazu Joh 19,7) und Dtn 21,22f. S. auch Gal 3,13: «Christus hat uns freigekauft vom Fluch des Gesetzes, indem er für uns zum Fluch geworden ist – es steht nämlich geschrieben: Verflucht ist jeder, der am Holz hängt [Dtn 21,23].»

[73] S. dazu Mk 14,61–64: «Er [d.i. Jesus] aber schwieg und antwortete nichts. Da fragte ihn der Hohe Priester noch einmal, und er sagt zu ihm: Bist du der Messias, der Sohn des Hochgelobten? Da sprach Jesus: Ich bin es, und ihr werdet den Menschensohn sitzen sehen zur Rechten der Macht und kommen mit den Wolken des Himmels. Da zerreisst der Hohe Priester seine Kleider und sagt: Was brauchen wir noch Zeugen? Ihr habt die Lästerung gehört. Was meint ihr? Da fällten sie alle das Urteil, dass er den Tod verdiene.» S. auch Joh 5,18: «Da suchten die Juden erst recht eine Gelegenheit, ihn zu töten, weil er nicht nur den Sabbat auflöste, sondern auch Gott seinen Vater nannte und sich selbst Gott gleich-

b) Der Tod des Menschgewordenen macht deutlich, dass Gott nicht nur zum Schein, sondern wahrhaft Mensch geworden ist. Denn nur dem menschlichen Geschöpf ist es möglich zu sterben.[75] Der Mensch lebt zeitlich begrenzt, Gott hingegen ewig; als Menschgewordener stirbt Gott am Kreuz. Um dem Menschen auch im größten Leiden und in Todesangst nahe zu sein, hat sich Gottes Liebe bis ans Kreuz genaht; Gottes Liebe hängt am Kreuz.[76] Sie ist ans Holz geschlagen, damit sie dort, hoch erhoben und weit sichtbar für alle Zeiten unübersehbar aufgerichtet ist.

Zugleich allerdings ist am Kreuz, dem Ort des verurteilten Sünders, die Ohnmacht deutlich, in der der Menschgewordene als wahrer Mensch leidet. Der sündlos Verurteilte erfährt sich am Kreuz der vernichtenden Macht und Willkür von Menschen ausgeliefert. Er erlebt sich als *Opfer* ihrer Sünden, ihrer Ängste, ihrer Brutalität und ihres Machtmissbrauchs. Er ist nicht ein Opfer für Gott, von dem vorgestellt wird, er fordere Wiedergutmachung für begangene Sündentaten. Er ist vielmehr Opfer der Menschen und für die Menschen, die Gott von Ewigkeit her aus ihrer Sünde erlösen will.[77]

Rechtfertigung oder gar Rettung widerfährt dem Gekreuzigten nicht. Der Sündlose stirbt hilflos ausgeliefert an die Sünde des Menschen; er leidet unter der Sünde des Menschen bis zum Tod. Dabei scheint ihm angesichts seines eigenen ungerechten und ohnmächtigen Leidens die Allmacht Gottes nicht länger mächtig zu sein. Der Allmächtige selbst scheint fern und seine

---

machte.» – Zum johanneischen Kreuzesverständnis s. Jörg Frey, Die «theologia crucifixi» des Johannesevangeliums.

[74] S. dazu Martin Luther, WA. Tr 6, 74, Nr. 6607: Nach Luther leidet Christus als *«der allergrößte Sünder»*.

[75] S. dazu Martin Luthers Verständnis der *communicatio idiomatum*, des Eigenschaftentauschs zwischen der menschlichen und der göttlichen Natur in der Person Jesus Christus; beispielsweise Martin Luther, Vom Abendmahl Christi. Bekenntnis, WA 26, 321, Z. 19–23 (in modernisiertem Deutsch): «Wenn nun hier die alte Wettermacherin Frau Vernunft [...] sagen würde: Ja, die Gottheit kann nicht leiden noch sterben. Dann sollst du antworten: Das ist wahr. Aber dennoch, weil Gottheit und Menschheit in Christus eine Person ist, so gibt die Schrift um solcher Personeinheit willen auch der Gottheit alles, was der Menschheit widerfährt und umgekehrt [...].»

[76] Vgl. dazu Jörg Frey, Love Relations in the Fourth Gospel, 757: «In any case, Jesus' death is interpreted [... in John 3,16] as an event linked to or rooted in the intimate relation between the Son and the Father. So the relation established in John 3,16 is confirmed and Jesus' death for, or in favour of, others is mentioned unambiguously and interpreted as the fulfilment of the Father's command and his own mission and, finally, as the manifestation of God's – or even his own – love.»

[77] Vgl. hierzu Ralf K. Wüstenberg, Christologie, 107: Wüstenberg hält fest, «dass im Kreuzestod Jesu Christi Gott sich selbst zugunsten des verlorenen Menschen geopfert hat».

Liebe nicht mehr wirksam zu sein. Dieses Leid, der Zweifel an Gottes Allmacht und Zuwendung, das tiefste Elend der Gottlosigkeit wird am Kreuz von Gott selbst erlebt. Aus Liebe und in Liebe erleidet der Menschgewordene, der von Menschen[78] als Sünder gekreuzigt ist, in seiner Ohmacht das gesamte Ausmaß der Sünde.[79] Er erleidet am Kreuz die tiefste Not der Gottesferne oder vielmehr Gotteszweifel.[80] So ist der in seiner Liebe völlig Sündlose tatsächlich selbst Sünder, sogar der allergrößte Sünder; er hadert im Sterben mit der Allmacht des ewig Liebenden und mit der Liebe des Allmächtigen, durch die er doch erzeugt worden ist und die er selbst verkörpert.

Wie aber kann dies gedacht werden, dass der Sündlose zugleich der größte Sünder ist? Sündlos ist der Menschgewordene, weil er von Anbeginn an in Liebe mit Gott verbunden lebt und also die Liebesgemeinschaft personifiziert, die das Heil eines jeden Menschen bedeutet. Der Zweifel an Gottes Liebe, der für den Gekreuzigten ausgesagt ist, kennzeichnet den Sünder und macht ihn zu einem lieblosen Wesen. Denn der Sünder vertraut nicht Gott, der Liebe selbst, und lebt und handelt darum lieblos.[81] Auch der Gekreuzigte zweifelt an der Liebe des Allmächtigen, doch geschieht dies, indem er den Liebesbeweis Gottes erbringt: Indem er selbst das Elend des Gotteszweifels erleidet, begegnen am Kreuz die Sünde des Menschen und die Liebe Gottes in unübertrefflich engster Weise. Und die Liebe, die Gott im Menschgewordenen seinen Geschöpfen zuwendet, ist gerade angesichts des Gotteszweifels

---

[78] Die Menschen, die zur Regierungszeit des Pontius Pilatus Christus kreuzigten, stehen für den Menschen im Allgemeinen, der niemals ohne Sünde lebt und tätig ist; seinetwegen ist Gottes Sohn den Sündentod gestorben.

[79] Vgl. hierzu Eberhard Jüngel, Gott als Geheimnis der Welt, 445: Jüngel hält fest, dass es der Liebe eigentümlich sei, gegenüber dem Lieblosen ohnmächtig zu sein. Doch «fürchtet sie [d. i. die Liebe] die Lieblosigkeit nicht, sondern treibt die Furcht aus (1Joh 4,18). Sie tut das aber angesichts ihrer Ohnmacht gegenüber allem, was nicht Liebe ist. Insofern könnte man auch sagen, die Liebe fürchtet ihre eigene Ohnmacht nicht. Wer *nicht* an der Ohnmacht der Liebe teilnehmen will, ist im Grunde nicht fähig zur Liebe. Denn die Stärke der Liebe besteht eben in der Gewißheit, daß der Liebe allein durch Liebe zum Siege verholfen werden kann. Zwar ist sie gegenüber allem, was nicht Liebe ist, total ungeschützt und verwundbar. [...] Aber es ist doch eben die *Macht* der Liebe, die deren Ohnmacht gegenüber allem, was nicht Liebe ist, impliziert. Denn die Liebe setzt sich nicht anders durch als allein durch Liebe. Das ist ihre Stärke und Schwäche zugleich.»

[80] «Mein Gott, mein Gott, warum hast du mich verlassen!» (Mt 27,46; Mk 15,34; vgl. Ps 22,2) ist der Ausruf, mit dem der Menschgewordene das Erleben der Sünde ausdrückt.

[81] S. dazu o. II.1.3.3.a).

groß. Auch der stärkste Gotteszweifel hält die Heilszuwendung Gottes nicht auf; Gott auferweckt den toten Sünder zu ewigem Leben.[82]

Leiden und Tod Gottes zeigen dem glaubenden Ich, dass Gott in seiner Liebe um des Menschen willen die Sünde auf sich nimmt und den Sündentod erleidet.[83] Zugleich damit wird dem glaubenden Ich durch das Leiden Christi die eigene Sünde aufgedeckt. Es erkennt, dass es aus Unkenntnis Gottes, in Gottvergessenheit oder auch aus Zweifel an Gottes allmächtiger Liebe, sich selbst mit eigener Kraft aus Angst und Not zu erretten sucht oder anderem Macht über sich gibt, um von diesem Rettung, Hilfe und gar Heil zu erlangen.[84] Es stützt sich – gleich dem gekreuzigten Sünder – nicht auf Gottes Liebe und hält an Gottes Allmacht nicht fest. In seinem Leben und Tätigsein hat die Liebe Gottes keinen Platz; vielmehr schlägt es sie in Unkenntnis und Unglauben mit seinen Sündentaten ans Kreuz.

Im Kreuzesschmerz des Menschgewordenen ist das Leiden sichtbar, das durch die Sündentaten des Menschen gewirkt wird. Die Sündentaten des Menschen wirken Beleidigungen, Schmähungen und das körperliche Leiden des Gekreuzigten, der von Menschen gekreuzigt wird, weil sie Gott nicht erkennen.

Der Kreuzestod steht für die Sünde des Menschen. Sündenerkenntnis erlangt ein Mensch jedoch nur angesichts der Liebe Gottes, die den Kreuzestod bedingt.[85] Dass Gott aus ist auf eine Liebesgemeinschaft mit dem Menschen,

---

[82] S. dazu u. II.2.3.1. – Gott wird in seinem Handeln durch das Tun des Menschen nicht aufgehalten. Vielmehr lenkt er schließlich alles zu dem von ihm vorherbestimmten Ziel. Im Blick auf die Frage nach der Freiheit des Menschen kann der Gotteszweifel des Menschgewordenen möglicherweise dahingehend gedeutet werden, dass der Mensch personales Gegenüber Gottes ist und als solches eben fähig, sogar in engster Gottverbundenheit, nach Gott zu rufen, von dem er sich nicht geleitet, sondern verlassen wähnt (s. S. 51, Anm. 80).

[83] Diese väterliche Zuneigung des Allmächtigen, die sich einlässt auf das Handeln der menschlichen Geschöpfe offenbart die Sünde in ihrem ganzen Ausmaß. Denn sie deckt auf, wie blind und fehlgeleitet der Mensch ist. Er kann Gott nicht erkennen, obgleich dieser selbst als Mensch präsent und zum Greifen nahe ist. Und nicht nur, dass er ihn nicht erkennen kann, wird deutlich. Zudem kreuzigt der Mensch den Sündlosen, der ihm aus Liebe nahegekommen ist, als einen «Sünder» und schlägt damit sein eigenes Sündersein für alle Welt sichtbar an.

[84] S. dazu o. II.1.3.3.a).

[85] S. dazu Martin Luther, Ein Sermon von der Betrachtung des heiligen Leidens Christi, WA 2, 140f. (in modernisiertem Deutsch): «Magst dich aber dazu reizen, […] nicht länger das Leiden Christi anzusehen […], sondern magst durch ihn dringen und ansehen sein freundlich Herz, wie voller Liebe das dir gegenüber ist, die ihn dazu zwingt, dass er dein Gewissen und deine Sünde so schwer trägt. Also wird dir das Herz gegen ihn süß und die Zuversicht des

die von Seiten des Menschen nicht von Geburt an schon besteht, das macht sein Kreuzestod deutlich. Auf dem Weg des Leidens und über den Tod, den größten Tiefpunkt in der Beziehung zu seinen Geschöpfen hinaus,[86] gestaltet er die Beziehung mit ihnen. Er bleibt ihnen in Liebe treu, auch wenn sie an seiner allmächtigen Liebe zweifeln.[87] So ist es möglich, dass sie Vertrauen zu ihm gewinnen. Der Zweifel, der bis in den Tod hineinreicht, das Leiden an der Sünde, das als *Tod im Leben* erlitten wird, stellt die größte Anfechtung in der Vertrauens- und Liebesbeziehung zwischen Gott und Mensch dar. Wird ein menschliches Geschöpf aus solchem *Tod im Leben* erlöst, wird es sein Leben in ganz neuer Weise sehen und gestalten.[88]

... und begraben

Der Kreuzestod des Menschgewordenen erhält mit der Bemerkung des Begrabenwerdens den Stempel der Endgültigkeit. Das irdische Leben des Menschgewordenen ist mit seiner Grablegung abgeschlossen.[89] Fraglich ist daher, wie die Bekenntnisaussage «niedergefahren zur Höllen», die an die Rede vom Begrabensein Christi anschließt, zu verstehen ist. Es ist umstritten, ob hiermit das Leiden des Gekreuzigten besonders herausgestellt werden soll oder aber die Macht des Gottessohnes veranschaulicht wird, die mit seinem Tod kein Ende findet.

Glaubens gestärkt. Danach steige weiter durch Christus' Herz zu Gottes Herz und sehe, dass Christus die Liebe dir nicht hätte erzeigen mögen, wenn es Gott nicht in ewiger Liebe hätte gewollt, dem Christus mit seiner Liebe dir gegenüber gehorsam ist. Da wirst du finden das göttliche gute Vaterherz [...].»

[86] S. dazu im Folgenden.

[87] Vgl. hierzu Martin Leiner, Gottes Gegenwart, 199: «Die Unterscheidung der Beziehung Gottes zum Menschen von der Beziehung des Menschen zu Gott hat [...] sehr wichtige Konsequenzen für die Unterscheidung der vom Menschen in diesem Leben erfahrenen Gottesbeziehung von der letztlich entscheidenden Beziehung, die Gott zum Menschen hat. Gottes Beziehung zum Menschen ist immer vorhanden, auch wenn der Mensch nicht in dieser Beziehung steht.»

[88] S. dazu u. II.3.1.3.

[89] S. dazu auch Karl Barth, Credo, 76: «Daß er [d. i. Jesus Christus] begraben wurde, das ist das Unzweideutigste, womit man ein Wesen als einen wahren, wirklichen Menschen bezeichnen kann [...].»

II.2.2. «Höllenfahrt»

[...] niedergefahren zur Höllen

Die lateinische Fassung des Apostolikums wie deren in den Bekenntnis-schriften der evangelisch-lutherischen Kirche übermittelte Übersetzung[90] bekennen, dass Jesus Christus zur «Hölle» niedergefahren sei, ehe er von den Toten auferstand. Für die Reformatoren Luther und Calvin ist ausgemacht, dass das Wort «Hölle» als Metapher verstanden werden muss. Mit «Hölle» wird der Zustand tiefster Verzweiflung[91] und die Qual des Gotteszweifels bezeichnet, die Christus selbst am Kreuz empfand.[92] In diesem Gotteszweifel hat der Menschgewordene seine physischen Schmerzen, sein Sterben und seinen Tod erlitten.

Als Mensch ist Jesus Christus völliger Ohnmacht ausgeliefert, die er am Kreuz als dem Ort des Sünders im Zweifel an Gottes allmächtiger Liebe als Gottverlassenheit erleidet. Dieses seelische Leiden ist in der Wendung «nie-dergefahren zur Höllen» ausgedrückt. Der Tod des Menschgewordenen, der

---

[90] S. o. S. 11, Anm. 1.

[91] Luther beschreibt in seinen 95 Thesen wider den Ablass die «Hölle» als Zustand tiefster Verzweiflung, als Unruhe des Gewissens in schmerzhafter Weise: s. Martin Luther, Disputatio pro declaratione virtutis indulgentiarum, These 16, WA 1, 234, Z. 7/8: «Videntur infernus, purgatorium, celum differre, sicut desperatio, prope desperatio, securitas differunt.»/«Hölle, Fegfeuer, Himmel scheinen sich so zu unterscheiden wie Verzweiflung, beinahe Verzweiflung, Gemütsruhe/Gewissheit.» S. dazu Wilfried Joest, Ontologie der Person bei Luther, 336, der festhält, dass von Luther «das Sein im Himmel bzw. in der Hölle mit Befindlichkeiten des *Gewissens* gleichgesetzt werden […]. […] In der Hölle sein bedeutet, unter der Anfechtung durch das Gesetz die Schrecken der Hölle *fühlen*; in verzweifelte Verschlossenheit in sich selbst, in verzweifelte Selbstbehauptung gegen den Angriff Gottes und in Gotteshaß verstrickt werden.»

[92] Nach Calvin sind unter Höllenqualen «die furchtbaren Qualen eines verdammten und verlorenen Menschen» zu verstehen, die Christus am Kreuz in seiner Seele ausgestanden habe (Johannes Calvin, Institutio, II,16,10,275). S. dazu auch Eberhard Jüngel, Gott als Geheimnis der Welt, 495: «Die besondere Härte der Gottverlassenheit Jesu am Kreuz ist die Erfahrung der Gottverlassenheit im Horizont einer ganz von Gott her sich beziehenden Existenz. Der bei Markus mit Ps 22,2 [s. o. S. 51, Anm. 80] interpretierte Schrei des Sterbenden kann denn auch die dort ausdrücklich so genannte Gottverlassenheit nur zum Ausdruck bringen, weil Gottbezogenheit deren Bedingung ist. Jesu tödliche Gottverlassenheit wird aber dadurch nicht gemindert, sondern auf das äußerste gesteigert, daß sie im Horizont einzigartiger Gottesgewißheit erfahren wird. Der Gott, dessen Kommen Jesus verkündigt hat, hat ihn am Kreuz verlassen. Daß Jesus nach Markus zu dem ihn verlassenden Gott schreit […], ist die Erfahrung unverschuldeter, durch das Gesetz bewirkter Gottesferne, die die Hölle der Gottlosigkeit dadurch noch übertrifft, daß sich in diesem Schrei Jesu gelebtes Insistieren auf Gottes Kommen zusammendrängt.»

mit seinem Begräbnis nach außen hin sichtbar besiegelt ist, ist für den Menschgewordenen von tiefster Verzweiflung geprägt.[93]

Mit dem irdischen Tod des Menschgewordenen endet dessen irdisches Leben, nicht aber das Sein der «zweiten» Person Gottes als wahrer Mensch und wahrer Gott zugleich. Das Vereinigtsein von Gott und Mensch in Jesus Christus hat Bestand über das irdische Dasein hinaus. Die Zeit nach dem irdischen Tod, der unter Höllenqualen erlitten wird, kann dementsprechend bereits als die Zeit verstanden werden, in der der allmächtige Menschgewordene seine Erhabenheit und Macht über den Tod erweist. Entsprechend ist die Wendung «niedergefahren zur Höllen» auch als Siegeszug des Menschgewordenen über Anfechtung und Verzweiflung zu deuten, ehe er aufersteht.[94] Die «Hölle», den Zustand größter Verzweiflung, hat Gott für den Menschen überwunden.

---

[93] S. dazu Johannes Calvin, Institutio, II,16,10,274/275: «Wenn es [im Anschluss an die Rede vom Begrabensein Christi] also heißt: ‹abgestiegen ist zur Hölle›, so darf uns das nicht verwundern […]. Es ist unsachgemäß und lächerlich, wenn man hier einwendet, es werde auf diese Weise die geordnete Reihenfolge herumgedreht, weil es doch sinnlos sei, etwas, das dem Begräbnis vorauf ging, nach ihm zu erwähnen. Nein: Vorher ist gezeigt, was Christus öffentlich, vor den Augen der Menschen gelitten hat – jetzt aber erfahren wir ganz richtig von dem unsichtbaren, unbegreiflichen Gericht, das Christus vor Gott ausgehalten hat. Wir sollen daraus erkennen: Er hat nicht nur seinen Leib zum Lösegeld dahingegeben, sondern noch ein größeres, köstlicheres Opfer für uns dargebracht, in dem er in seiner Seele die furchtbaren Qualen eines verdammten und verlorenen Menschen ausstand!» – Die bloße Aussage, dass Christus in das Reich des Todes hinabgestiegen sei, die in der revidierten Fassung des Apostolikums festgehalten ist (s. o. S. 11, Anm. 1), ist im Vergleich mit der Aussage, dass Christus nicht nur gestorben und also im Reich des Todes, sondern vielmehr in der «Hölle» gewesen ist, geradezu nichtssagend.

[94] S. dazu Martin Luthers Ausführungen aus einer Predigt auf den Ostertag (WA 37, 62–72; hier 63), die in der Konkordienformel, Solida Declaratio, IX. Von der Hellfahrt Christi, 1049–1053, zitiert werden; BSLK 1050: Nach Luther ist es schwer «mit Worten oder Gedanken zu fassen, wie er zur Helle gefahren ist; sondern weil wir ja müssen Gedanken und Bilde fassen des, das uns mit Worten fürgetragen wird, und nichts ohne Bilde denken noch verstehen können, so ist es fein und recht, daß mans dem Wort nach ansehe, wie mans malet, daß er mit der Fahne hinunterfährt, der Hellen Pforten zubricht und zustöret; und sollen die hohen und unvorständiglichen Gedanken anstehen lassen. Denn solch Gemälde zeigt fein die Kraft und Nutz dieses Artikels, darumb er geschehen, gepredigt und geglaubet wird, wie Christus der Hellen Gewalt zustöret und dem Teufel alle seine Macht genommen habe. Wann ich das habe, so habe ich den rechten Kern und Verstand davon und soll nicht weiter fragen noch klügeln, wie es zugangen oder möglich sei». – Zum Vergleich des lutherischen und des reformierten Verständnisses der «Höllenfahrt» s. Rochus Leonhardt, Grundinformation Dogmatik, 292f.

Die «Höllenfahrt» Christi markiert im Kontext des Glaubensbekenntnisses den Übergang vom irdischen Tod der «zweiten» Person Gottes hin zu ihrer Auferstehung. Dabei stellt sie zugleich prägnant heraus, dass der Sohn Marias eben Gott selbst ist. Als wahrer Mensch stirbt er unter Höllenqual, als wahrer Gott jedoch überwindet er «Hölle», Tod und «Teufel». Diese lebensfeindlichen Mächte werden von Gottes allmächtiger Liebe überwunden. Um seiner Liebe willen wirkt der Allmächtige Gemeinschaft mit seinen Geschöpfen über den Tod hinaus.

II.2.3. «Unser Herr»

Jesus Christus ist als Gottes Sohn Mensch geworden und am Kreuz gestorben. Erst von der Auferstehung her ist jedoch deutlich, dass der Gekreuzigte der inkarnierte Gottessohn ist. So wie der Heilige Geist das Wesen des Schöpfers in der Begegnung mit Jesus Christus erschließt, ist dessen Auferstehung Ausweis dafür, dass sein Kreuzestod, der Tod Gottes zum Leben des Menschen ist.

Aufgrund seiner Auferstehung, die ihn als Gott selbst, als richtenden Herrscher über seine Schöpfung erkennen lässt, nennt ihn das glaubende Ich nicht nur Sohn Gottes, sondern bezeichnet ihn auch als seinen Herrn und als den Herrn über Leben und Tod.

II.2.3.1. Auferstehung

[...] am dritten Tage auferstanden von den Toten

Die Auferstehung Jesu Christi macht dem glaubenden Ich deutlich, dass am Kreuz nicht ein politischer Aufrührer und ein Gotteslästerer gekreuzigt wurde, sondern dass Gott selbst dort hängt. Die Auferstehung gibt also zu erkennen, dass Maria nicht einen sündhaften Menschen gebar, der für seine Sündentaten schließlich mit dem Tod am Kreuz bestraft worden ist. Sie deckt auf, dass Marias Sohn Gott selbst ist, der seine Geschöpfe aus nichts zu ewigem Leben über den Tod hinaus erschaffen hat (a). Dass Jesus Christus auferstanden ist, das erkennt das glaubende Ich, weil ihm der Heilige Geist den Auferstandenen sichtbar gemacht hat (b).

a) Von der Auferstehung Jesu Christi ist mitten im Apostolikum die Rede. Von ihr her ist einerseits das christliche Schöpfungsverständnis bestimmt, das der erste Artikel thematisiert. Andererseits ist ihr Verständnis maßgeblich für das Verständnis der Neuschöpfung und der Auferstehung der Toten, die der dritte Artikel nennt. Sie ist, im Kontext des zweiten Artikels, Dreh- und Angelpunkt auf dem Weg der Schöpfung hin zur ihrer Vollendung, also auf dem Weg der raum-zeitlich verfassten Welt hin zum ewigen Leben mit Gott. Mit ihr ist das ewige Leben der menschlichen Geschöpfe eröffnet, und zwar mitten in Raum und Zeit.[95]

Dadurch, dass Jesus Christus von den Toten auferstanden ist, ist Gottes allmächtige, schöpferische und ewige Liebe in Raum und Zeit deutlich geworden.[96] Die Auferstehung Jesu Christi zeigt die Liebe Gottes, die mit dem Menschen Gemeinschaft will und darum in Jesus Christus zur Welt gekommen ist und den Tod am Kreuz erlitten hat. Sie erweist die Allmacht Gottes, die den Tod überwindet. Sie zeigt die Schöpfermacht Gottes, die Leben schafft über den Tod hinaus.

Darum hat der Schöpfer aus nichts (außer sich selbst) die Schöpfung geschaffen, dass da Leben sei und Gemeinschaft des Lebenden mit ihm wirklich werde. Eben dies erkennt das glaubende Ich, indem es die Auferstehung Jesu Christi erkennt.[97] Es erkennt, dass die Liebesmacht Gottes unaufhaltsam und uneingeschränkt wirkt und darum ebenso zeitlich bedingtes Leben wie ewiges Leben schafft.

b) Gleich wie das glaubende Ich die Schöpfung Gottes weder zeitlich bestimmen noch naturwissenschaftlich nachweisen kann, stehen ihm auch für Auferstehung und Menschwerdung der «zweiten» Person Gottes weder naturwissenschaftliche noch historische Beweismaterialien zur Verfügung, die zeigten und sehen ließen, dass der Gekreuzigte auferstanden ist. Der Beweis der Auferstehung ist vielmehr dann gegeben, wenn das menschliche Geschöpf erlebt, dass der Gekreuzigte Gott selbst ist, dass sein Kreuzestod ihm zum Heil geschah und Gott den Tod überwunden hat.

Für das Erlebnis des Evidentwerdens der Gottheit Jesu oder vielmehr des Gekreuzigten als des Auferstandenen liefert die biblische Überlieferung zwei

---

[95] S. dazu u. II.3.2.2.

[96] S. dazu Christoph Schwöbel, Art. Auferstehung, in: RGG[4], Bd. 1, 925f.: «Die metaphorische Rede von der A. Jesu ist auch in ihrer hist. frühesten Form *theologische* Rede, die im Bild des Aufgewecktwerdens vom Schlaf Gottes schöpferisches Handeln am gekreuzigten Jesus in dem Bekenntnis zur Sprache bringt, daß ‹Gott Jesus von den Toten auferweckte› (Röm 6,4). [...] Ist Jesus wirklich am Kreuz gestorben und nicht etwa nur scheintot gewesen [...], und sind die Erscheinungserfahrungen weder betrügerische Erfindungen [...] noch innerpsychische visionäre Projektionen [...], dann ist der Verweis auf das Handeln Gottes die Möglichkeit, die Identität des Gekreuzigten mit den Erscheinungen des Auferweckten durch das schöpferische Handeln des Gottes vermittelt zu sehen, der ‹die Toten lebendig macht und ruft das, was nicht ist, daß es sei› (Röm 4,17).»

[97] S. dazu Paulus in Röm 4,17: Hier ist festgehalten, dass Gott «die Toten lebendig macht und was nicht ist, ins Dasein ruft». S. dazu o. S. 26, Anm. 13.

prägnante Beispielerzählungen. Beide Erzählungen machen deutlich, dass die Erkenntnis des Auferstandenseins Christi gerade nicht durch seine leibhafte Gegenwart als Auferstandener bewiesen wird und darum ein Nachweis seiner leibhaften Fortexistenz außerhalb seines Grabes auch gar nicht nötig ist. Vielmehr schränkte solch eine Nachweisforderung, die Möglichkeit, an den Gekreuzigten als die «zweite» Person Gottes glauben zu können, ein. Ein menschliches Verlangen nach sichtbaren, messbaren Beweisen, das sich mit biblisch überlieferten «Zeugnissen» von der leibhaften Existenz Christi im Anschluss an sein Sterben und Begrabensein (beispielsweise mit der Rede vom leeren Grab) stillen lässt, macht den Christusglauben von menschlichen Zeugnisüberlieferungen abhängig. Es reduziert den Glauben an Gott den Allmächtigen auf den Glauben an Menschenworte.

Den christlichen Glauben, dass der Gekreuzigte auferstanden ist, wirkt Gott der Heilige Geist.[98] Die Einsicht in die Wahrheit des Gekreuzigten wird – vermittelt durch die Verkündigung von Menschen[99] – durch das Zeugnis erschlossen, das Gott selbst dem Menschen gibt, indem er sich selbst offenbart, und zwar ohne historisches oder naturwissenschaftlich taugliches Beweismaterial. Gott selbst öffnet die (geistigen) Augen, mit denen er erkannt wird. Und gerade angesichts seiner Nichtsichtbarkeit, gar seiner physischen Unsichtbarkeit wird evident, wer der Gekreuzigte in Wahrheit ist. Das machen die beiden Beispielerzählungen von den Emmaus-Jüngern und dem Damaskuserlebnis des Paulus deutlich:

Von den *Emmaus-Jüngern*[100] ist erzählt, dass sie den Auferstandenen nicht erkennen, obwohl er auf dem Weg von Jerusalem nach Emmaus mit ihnen geht, mit ihnen spricht und ihnen sein Leben, Sterben und Auferstehen verständlich zu machen sucht. Sie erkennen ihn erst, als Gott selbst ihnen ihre bisher gehaltenen Augen[101] für den Auferstandenen öffnet. Und eben in diesem Moment entschwindet der leibhaft Auferstandene ihrem Blick.[102] Sie

---

[98] S. dazu u. II.3.

[99] S. dazu u. II.3.1.2.

[100] Lk 24,13–35.

[101] Lk 24,16.

[102] Lk 24,30f.: «Und es geschah, als er sich mit ihnen zu Tisch gesetzt hatte, dass er das Brot nahm, den Lobpreis sprach, es brach und ihnen gab. Da wurden ihnen die Augen aufgetan, und sie erkannten ihn. Und schon war er nicht mehr zu sehen.» – Vgl. hierzu Philipp Stoellger, Im Vorübergehen, 105: «Nach dem gemeinsamen Mahl aber ist es soweit: Kaum wurden ihre Augen geöffnet und sie erkannten ihn, ‹verschwand er vor ihnen› (Lk 24,31). *Er ist eine Entzugserscheinung*: Wer er ist, zeigt sich im Entzug, und nicht vorher, sondern erst ‹im Rückblick›. Der Augenblick der Einsicht *ist* bereits Rückblick. Er erscheint ‹im

erkennen Jesus Christus, als er das Brot mit ihnen bricht, wie es auch für das letzte Abendmahl vor seiner Kreuzigung berichtet wird.[103] Das Brotbrechen, nicht die physisch sichtbare und leibhafte Gegenwart des Auferstandenen ist der Anlass dafür, dass ihnen der, den sie (erneut) nicht mehr sehen, als der Auferstandene erscheint.

Ähnlich ist die *Begegnung des Paulus* mit dem Auferstandenen beschrieben.[104] Als Saulus verfolgt er Christinnen und Christen, weil er sie der Blasphemie beschuldigt. Durch die verfolgten Christen hatte Saulus Kenntnis vom Gekreuzigten, der von diesen als Auferstandener verkündigt wurde. Seine eigene Begegnung mit dem Auferstandenen, lange nach Himmelfahrt und Pfingstgeschehen, wird als Anrede durch den nicht sichtbaren Gottessohn auf dem Weg nach Damaskus geschildert. In Folge der Audition, die durch ein helles Licht begleitet wird, stürzt Paulus zu Boden, um sich dann in Blindheit zu erheben.

Dass er den Gekreuzigten als den Auferstandenen erkennt und also vom Saulus zum Paulus (bekehrt) wird, das widerfährt ihm durch Gottes offenbarendes Wirken (das in der biblischen Erzählung durch eine Audition eingeleitet ist, die nur dann als Anrede Jesu verstanden werden kann, wenn dieser als Auferstandener erkannt ist). Der Auferstandene zeigt sich Paulus nicht nur nicht leibhaftig; Paulus kommt noch zudem in Blindheit zur Einsicht in die Auferstehung des Gekreuzigten. Nichtsehend erkennt er, dass der Gekreuzigte Gott selbst ist, weil dieser ihm die Wahrheit der Christusverkündigung erschließt.[105]

Vorübergehen›. Und das ist auch gut so: Denn erst als Vorübergegangener wird er verständlich.»

[103] S. Lk 22,19.

[104] S. Apg 9,1–19; v. a. V. 3–8: «Als er unterwegs war, geschah es, dass er in die Nähe von Damaskus kam, und plötzlich umstrahlte ihn ein Licht vom Himmel; er stürzte zu Boden und hörte eine Stimme zu ihm sagen: Saul, Saul, was verfolgst du mich? Er aber sprach: Wer bist du, Herr? Und er antwortete: Ich bin Jesus, den du verfolgst. Doch steh auf und geh in die Stadt, und es wird dir gesagt werden, was du tun sollst. Die Männer aber, die mit ihm unterwegs waren, standen sprachlos da; sie hörten zwar die Stimme, sahen aber niemanden. Da erhob sich Saulus vom Boden; doch als er die Augen öffnete, konnte er nicht mehr sehen.» Mit dieser Ereignisschilderung wird Paulus als «Osterzeuge», als Auferstehungszeuge dargestellt; s. dazu Christian Dietzfelbinger, Die Berufung des Paulus als Ursprung seiner Theologie, 51–64.75ff.

[105] Apg 9,8.20. – Vgl. dazu Rudolf Bultmann, Die Bedeutung des geschichtlichen Jesus für die Theologie des Paulus, 208: «Der Blick auf die Auferstehung kann immer nur der Blick des schon Glaubenden sein, da sie für den Unglauben in keinem Sinne sichtbar ist. Dem Unglauben begegnet nur die *Behauptung*, Jesus sei auferstanden; d. h. der göttlichen Heilstaat der Auferstehung korrespondiert allerdings ebenso wie dem göttlichen Gericht des Kreuzes

Die Auferstehung des Gottessohnes, die Kern der paulinischen Evangeliums-verkündigung ist,[106] wird nicht durch Beweise und Augenzeugenberichte vom leeren Grab oder sinnlich-fassbare Begegnungen mit dem Gekreuzig-ten[107] begründet und belegt. Es ist vielmehr das Wirken Gottes im Heiligen Geist[108], das in geistiger Weise zu sehen gibt, dass Gott den Tod des Mensch-gewordenen überwindet, weil er das Leben will und nicht den Tod. Und so wird sichtbar, dass Gott Gemeinschaft sucht mit seinen Geschöpfen; er belässt den Menschen nicht in Sünde und Tod, sondern wendet ihm seine ewige und allmächtige Schöpferliebe uneingeschränkt zu.

II.2.3.2. «Himmelfahrt», hin zur Rechten Gottes

[...] aufgefahren gen Himmel,
sitzend zur Rechten Gottes, des allmächtigen Vaters

Das Bekenntnis zur Himmelfahrt Christi hebt hervor, was durch die Auf-erstehung erkannt ist: Der Gekreuzigte ist der menschgewordene Gottessohn. Als wahrer Gott aber ist der Menschgewordene weder durch Zeit begrenzt noch durch Raum. Seine Existenz endet nicht mit dem irdischen Tod. Und seine Existenz ist nicht auf den Erdenraum beschränkt. Als wahrer Gott und Herr ist er ewig und allgegenwärtig.

Seine Unbegrenztheit in räumlicher Hinsicht wird dadurch ausgedrückt, dass das glaubende Ich von ihm bekennt, er sei in den «Himmel» aufgestie-gen. Der «Himmel» wird im Unterschied zur «Erde» als Bild für die Raum-freiheit Gottes verwendet. Im Gegensatz zur «Hölle» drückt der «Himmel» Gottesgegenwart aus. Gott der Allgegenwärtige ist nicht durch das irdische

---

ein Weltphänomen in seiner ganzen Zweideutigkeit: das christliche Kerygma [d. i. Verkün-digung], das solange ‹skandalon› und ‹moria› bleibt, bis das Gericht des Kreuzes anerkannt und übernommen ist. Das bedeutet aber: *Jesus Christus begegnet dem Menschen nirgends anders als im Kerygma*, so wie er dem Paulus selbst begegnet ist [...].»

[106] S. 1Kor 15,14: «Ist aber Christus nicht auferweckt worden [und auferstanden], so ist unsere Verkündigung leer, leer auch euer Glaube.»

[107] Vgl. dazu Joh 20,24–29, v. a. V. 29: «Selig, die nicht mehr sehen und glauben!» – Bei allen Bemühungen um das rechte Verständnis der Auferstehung Jesu Christi ist jedenfalls dies zu berücksichtigen, dass sie (in Zusammenhang mit der Himmelfahrt) *in Entsprechung zum Inkarnationsgeschehen* zu sehen ist. Ist Gott in Jesus Christus Mensch geworden und als Mensch geboren worden, muss wohl, wenn mit seinem wahren Menschsein ernstgemacht wird, davon ausgegangen werden, dass er auch als wahrer Mensch stirbt, begraben wird – und verwest.

[108] S. dazu auch Apg 9,17.

Geschehen gebunden. Vielmehr ist er als Überwinder der Höllenqual dem Erdenleben in ewiger Liebe verbunden.

Das Sitzen zur Rechten Gottes knüpft an alttestamentliche Rede an. Der im Alten Testament, nämlich in Psalm 110, genannte Herr wird mit Jesus Christus identifiziert. Der im Alten Testament angekündigte Herr soll als dieser dadurch erkannt werden, dass er zur Rechten Gottes sitzt. Eben dies, dass er zur Rechten Gottes sitzt, wird von dem zum Himmel gefahrenen Gottessohn ausgesagt. Es wird damit herausgestellt, dass er der (angekündigte) Herr ist.[109] Denn er erfüllt die Bedingungen, die der wahre Herr zu seiner Identifizierung erfüllen muss.

Auch die Aufnahme der alttestamentlichen Wendung vom Sitzen zur Rechten dient der metaphorischen Verdeutlichung dessen, was das glaubende Ich bekennt. Es wird mit ihr das wahre Gottsein und das Herrsein Christi zum Ausdruck gebracht, nachdem mit der Rede von der Himmelfahrt der Abschluss des irdischen Daseins Christi ausgesagt ist. Mit seiner Himmelfahrt hin zur Rechten des allmächtigen Vaters ist jedoch das wahre Menschsein Christi nicht aufgehoben. Die Vereinigung von Gott und Mensch in Jesus Christus wird mit der Himmelfahrt nicht aufgelöst. So wie der *Höllenfahrt* Christi deshalb besondere Relevanz eignet, weil Christus sie als wahrer Mensch erleidet und als wahrer Gott siegreich durchführt, hat seine *Himmelfahrt* ihre Bedeutung darin, dass Jesus Christus mit seinem Weggang in das ewige, raumlose Leben Gottes auch den Menschen den Weg zum «Himmel» führt.[110] So eröffnet der Menschgewordene einem jeden Menschen, der ihm

---

[109] S. die «Pfingstpredigt» des Petrus, Apg 2,32–34: «Diesen Jesus hat Gott zum Leben erweckt; dessen sind wir alle Zeugen. Er ist nun zur Rechten Gottes erhöht und hat vom Vater die verheissene Gabe, den heiligen Geist, empfangen, den er jetzt ausgegossen hat, wie ihr seht und hört. Denn nicht David ist in den Himmel hinaufgestiegen, vielmehr sagt er ja selber: Der Herr sprach zu meinem Herrn: Setze dich zu meiner Rechten, bis ich deine Feinde hingelegt habe als Schemel für deine Füsse [Ps 110,1]. Klar und deutlich erkenne also das ganze Haus Israel, dass Gott ihn zum Herrn und zum Gesalbten gemacht hat, diesen Jesus, den ihr gekreuzigt habt.»

[110] Dass der Menschgewordene auch nach seiner Himmelfahrt wahrer Mensch und wahrer Gott zugleich bleibt, hat entscheidende Bedeutung für das Verständnis seiner Präsenz im Abendmahl. Nach lutherischer Überzeugung ist Christus real präsent in den Abendmahlselementen Wein und Brot. Da er als wahrer Mensch Anteil hat an der Allgegenwart Gottes, ist nach lutherischer Auffassung seine Gegenwart in den Elementen gegeben. Nach reformierter Ansicht hingegen ist solche Realpräsenz nicht möglich. Es wird vielmehr angenommen, der menschliche Leib Christi habe nach seinem Dasein auf «Erden» im «Himmel» Platz gefunden und könne entsprechend nicht auch in den Elementen des Abendmahls anwesen sein; s. dazu Rochus Leonhardt, Grundinformation Dogmatik, 352f.

nachfolgt,[111] mit der Überwindung aller Gottlosigkeit ewige Gemeinschaft mit Gott.

Die Allmacht, die für den Schöpfer und Vater im ersten Artikel ausgesagt ist und die im Zuge der Himmelfahrt erneut bekannt wird, eignet auch dem Sohn, der mit dem Vater eines Wesens ist und mit ihm das Geschehen der Schöpfung zur Vollendung leitet und regiert. Bis Christus zum letzten oder jüngsten Gericht wiederkommt, bis er den Schöpfungsprozess abschließt, in den er selbst eingegangen ist, leiten und regieren Gott der Vater und der Sohn den Schöpfungsprozess vermittelt durch den Geist, den sie senden.[112]

Den Abschluss des Schöpfungsgeschehens erwartet das glaubende Ich als das Gericht Christi.[113] Dessen Beschaffenheit muss von allmächtiger Liebe geprägt vorgestellt werden; nur dann entspricht es dem Wesen des Dreieinigen. Bis zu diesem Gericht wirkt der Heilige Geist, den Gott sendet, damit er dem menschlichen Geschöpf das einmalige Christusgeschehen zu allen Zeiten erschließe. An dieser Geistgabe entscheidet sich letztlich das Gericht. Denn das Geistwirken ist es, das die Erkenntnis Gottes oder vielmehr den Glauben an die allmächtige Liebe wirkt, die dem Menschen Heil bedeutet und «gute Werke» freisetzt. Ohne das Wirken des Geistes kann kein Mensch zum Glauben kommen. Gottes Geist übermittelt die Liebeszuwendung Gottes an den Menschen, die dem einzelnen Menschen den Glauben eröffnet, in dem er sich selbst von Gott gerichtet und zurechtgebracht weiß.

II.2.3.3. Das Gericht über das menschliche Geschöpf

[...] von dannen er kommen wird zu richten die Lebendigen und die Toten.

So wie Gott als Schöpfer dem Menschen mit seiner hervorbringenden und erhaltenden Tätigkeit zugewandt ist, so wirkt er als Menschgewordener zum Heil des Menschen durch seine *versöhnende* (a) und seine *erlösende* (b) Tätigkeit. Mit diesen beiden, voneinander nicht zu trennenden Tätigkeiten wirkt er das Gericht des Menschen, das als dessen Zurechtgebracht-Werden verstanden werden kann.

Die versöhnende und die erlösende Tätigkeit der «zweiten» Person Gottes sind durch deren Menschwerdung bedingt. Beide Tätigkeiten setzen das

---

[111] S. dazu u. II.3.1.2.a).

[112] Zum Senden und Ausgießen des Heiligen Geistes s. Apg 2,33 (s. S. 61, Anm. 109).

[113] Auf ein Gericht des Herrn, der zur Rechten Gottes thront, ist ebenfalls in Psalm 110 (V. 6) vorausgewiesen.

wahre Menschsein des Gottessohnes voraus. Als wahrer Gott und wahrer Mensch zugleich erleidet der Menschgewordene körperlichen Schmerz und den Zweifel an der allmächtigen Liebe Gottes. Er erleidet die Sünde der Welt und leidet mit den sündigen Menschen, um schließlich Sünde und Leid zu überwinden.

a) Das glaubende Ich erkennt im Blick auf das Kreuz Christi, dass es in seiner Gott- und Lieblosigkeit Gottes Liebe mit Füßen tritt. Es erkennt, dass es die lieblosen Sündentaten wirkt, die es im Glauben ans Kreuz geschlagen sieht. Das todbringende Ausmaß seiner Sünde ist im Leiden des Gekreuzigten deutlich; dies Leiden zeigt das Leiden der Welt unter den Sündentaten, die der lieblose Mensch wirkt.

Doch um Sünde und Leid ein Ende zu setzen, vernichtet Gott nicht den Menschen, den er in Liebe erschuf. Er begegnet dem sündigen Menschen nicht mit Zorn oder wütender Vernichtung, sondern wendet sich ihm in Liebe zu. Indem das glaubende Ich angesichts seiner eigenen Sündentaten das (unerwartete) Ausbleiben strafenden Zorns und stattdessen die Liebe Gottes erlebt, stellen sich Scham und Reue bei ihm ein.[114] Gott übt nicht Gericht am Menschen, indem er, gleich wie das sündige Geschöpf, Leid und Übel wirkt. Vielmehr weckt seine Liebe das Gewissen und lässt den Menschen Reue und Scham empfinden. Mit Scham und Reue und einem zerknirschten Gewissen geht die rückblickende Einsicht in die eigene sündhafte Vergangenheit einher. Da wird deutlich, dass die eigene Gottlosigkeit zu Sündentaten, zu Leid und Übel führte.

Dass das glaubende Ich Leid und Übel wirkte, das ist in seiner Unkenntnis der allmächtigen Liebe oder auch in seinem Zweifel an ihr begründet. Weil es Gottes Liebe nicht kannte, ihr nicht vertraute und gar an seiner Allmacht zweifelte, diente es anderen «Göttern» und wirkte in einer Weise, die

---

[114] «Scham» und «Reue» sind Bezeichnungen für Gefühle, die empfunden werden, wenn die eigene Unzulänglichkeit aufgedeckt ist; aufgedeckt wird sie angesichts der Liebe Gottes, die enthüllt, was ist und war. Es entsteht das Gefühl der Scham, wenn entlarvt ist, dass da nichts ist, wo mehr zu sein schien. Und es entsteht ein Gefühl der Reue, wenn deutlich ist, dass in der Vergangenheit in einer Weise gelebt und gehandelt wurde, die das Gute verhindert hat und so zum Schaden der Mitwelt war. Im Gefühl der Scham drückt sich das Bewusstsein der eigenen Minderwertigkeit (gegenüber Gott) aus, im Gefühl der Reue das Bewusstsein der eigenen Verderbtheit und Schädlichkeit (gegenüber der Mitwelt als der Schöpfung Gottes). Indem Gott den Sich-Schämenden in Liebe annimmt, hebt er die Scham auf und öffnet den Menschen zum Vertrauen auf ihn; indem Gott den Reuevollen zu neuem Leben und Handeln motiviert, befreit er ihn von der Last der Vergangenheit und ermöglicht ihm das zukünftige Tun des Guten.

vom Heil und Wohlergehen einzelner auf Kosten anderer geleitet war.[115] Indem es anderen «Göttern» diente, lebte es (mehr oder weniger bewusst) in Feindschaft mit Gott dem Allmächtigen.

Weil Gott der allmächtige Schöpfer mit seinen Geschöpfen in ewiger Liebesgemeinschaft leben will, hat er, um die Feindschaft zu enden, in Jesus Christus die (verfeindete) Welt mit sich *versöhnt*.[116] Im Leiden und Sterben Jesu Christi begegnet er dem sündigen Menschen in versöhnender Liebe. Er macht den Menschen bekannt mit seiner allmächtigen Liebe, indem er in allmächtiger Liebe Übel und Sünde erleidet und überwindet. Dem Gotteszweifel, dem Zweifel an seiner Allmacht begegnet er, indem er sich selbst ohnmächtig Leid und Angst ausliefert, um den Angefochtenen und Verzagten nahe zu sein, um ihr Vertrauen zu gewinnen und sie mit sich zu ewigem Leben zu führen. Denjenigen, die in Scham und Reue gefangen sind und an Gottes Liebe zweifeln, gibt er zu erkennen, dass er sich trotz ihrer Sündentaten gerade nicht von ihnen abgewandt, sondern für neues Leben Zukunft eröffnet hat.[117]

b) Dass Gott seine Liebe zum Menschen durch Sünde und Tod hindurch aufrechterhält, oder vielmehr gerade angesichts von Sünde und Tod an ihr festhält, das macht die Auferstehung Christi deutlich. Mit der Auferstehung des Gekreuzigten ist dem glaubenden Ich deutlich, dass Gottes allmächtige Liebe darauf aus ist, mit den Geschöpfen in Gemeinschaft zu leben. Eben dazu überwindet der Allmächtige den Sündentod.

In der Auferstehung des Gekreuzigten erkennt das glaubende Ich die allmächtige Liebe Gottes, die ihn *erlöst* aus der Unwahrheit, selbst Herr seines Lebens sein zu müssen und sich selbst vor der Welt beweisen zu müssen. Indem das glaubende Ich darauf vertraut, dass ihm Gottes Liebe gerade auch in Sünde und Not, in Ohnmacht und Gotteszweifel gilt, um es daraus zu erlösen und zu neuem Leben zu führen, erlebt es Erleichterung in seinem Leid und Befreiung aus seiner Sünde. Das glaubende Ich erlebt Erlösung aus der Angst, die aus der Unkenntnis der Liebe Gottes oder gar dem Zweifel an seiner Liebe entsteht, und es ist befreit vom Schmerz der Reue im eigenen Gewissen. Es erlebt sich in seinen Nöten und trotz seiner sündigen Taten von

---

[115] S. o. II.1.3.3.a).

[116] S. 2Kor 5,19: «Gott war in Christus und versöhnte die Welt mit sich, indem er den Menschen ihre Verfehlungen nicht anrechnete und unter uns das Wort von der Versöhnung aufgerichtet hat.»

[117] S. dazu v. a. u. II.3.2.2.

Gott geliebt; es weiß sich in seiner Not und seiner Sünde angenommen von Gott und erkennt sich als *gerechtfertigt* um Christi willen.

Indem sich das glaubende Ich durch Jesus Christus befreit weiß von Ansprüchen, denen es nicht zu genügen vermag, von der Last seines Scheiterns und auch dem Streben, sich selbst zu Ehren zu bringen, weiß es sich gerechtfertigt vor Gott. Rechtfertigung widerfährt ihm mit der Erkenntnis, dass es nicht menschliche Gerechtigkeitskriterien sind, an denen der Sinn seines Daseins und die Qualität seines Lebens hängen.

Seiner Existenzbestimmung wird das glaubende Ich gerecht, indem es auf die Liebeszuwendung Gottes vertraut, die ihm ewig schon gilt. Nicht dass damit sämtliche Ansprüche, vor die es im Leben gestellt ist, nicht länger erfüllt werden müssten und Leistung nichts zählte für das Leben in der Welt. Doch sieht das glaubende Ich Lebenssinn und Heil nicht länger in ihnen begründet. Es ist ihm vielmehr die Liebe Gottes bewusst, die es nun für seine Mitwelt und sich selbst empfindet. Und so lebt es in Übereinstimmung mit seiner eigentlichen Lebensbestimmung, es ist gerichtet, gerechtfertigt und zurechtgebracht.

Das Gericht Christi wird im Apostolikum als eines bekannt, das noch aussteht bis dahin, wenn Christus wiederkommen wird. Mit der Wiederkunft Christi wird das Gericht über alle Menschen erwartet. Doch vollzieht sich das Gericht über den Einzelnen stets dadurch, dass er sich angesichts des Gekreuzigten seiner Sündentaten und seiner Sünde bewusst wird. Scham, Reue und zerknirschtes Gewissen stellen sich im Blick auf Gottes versöhnende Liebeszuwendung ein, die von allem Gotteszweifel befreit und zu einem (ewigen) Leben in Gottvertrauen erlöst.

Die versöhnende und die erlösende Tätigkeit Gottes sind ebenso wenig voneinander getrennt wie Gottes hervorbringendes und sein erhaltendes Handeln. Vielmehr machen sie erst in ihrer Verbundenheit dem menschlichen Geschöpf die allmächtige Liebe Gottes deutlich. So wie dem Menschen erst mit der erhaltenden Tätigkeit Gottes die Allmacht des Schöpfers als Allmacht der Liebe bewusst werden kann,[118] so vermag ihm erst mit der erlösenden Auferstehung die Zuwendung des Allmächtigen als versöhnende Liebe deutlich zu werden.

Mit der Auferstehung des Gekreuzigten wird die Allmacht des ewig Liebenden erschlossen, der aus nichts die Welt erschuf, so wie er aus dem Tod

---

118 S. o. II.1.3.3.

ins Leben ruft.[119] Indem er sich durch die Auferstehung des Gekreuzigten als denjenigen offenbart, der Sünde und Tod überwindet, zeigt der Schöpfer auf, dass er in Allmacht die Schöpfung erschuf und sie in Liebe durch Sünde und Tod hindurch zu ihrer Vollendung hin erhalten wird. Dies ist dem glaubenden Ich darum bewusst und heilsam, weil ihm der Heilige Geist für Gottes Offenbarung in Jesus Christus die Augen geöffnet und so die Wahrheit Gottes erschlossen hat.[120]

---

[119] S. Röm 4,17; s. dazu o. S. 26, Anm. 13.

[120] Martin Luther schreibt dazu in seiner Erklärung zum dritten Artikel des Apostolikums im «Großen Katechismus»: «[...] wider Du noch ich künnten immermehr [d. i. je] etwas von Christo wissen noch an ihn gläuben und zum Herrn kriegen, wo es nicht durch die Predigt des Evangelii von dem heiligen Geist würde angetragen und uns in Bosam [d. i. Busen] geschenkt.» (Martin Luther, Von dem Glauben, Der dritte Artikel, BSLK 654, Z. 22)

II.3. Zum dritten Artikel

Ich glaube an den heiligen Geist,
ein heilige christliche Kirche, die Gemeine der Heiligen,
Vergebung der Sünden,
Auferstehung des Fleisches,
und ein ewiges Leben.
Amen.

Die Sendung des Heiligen Geistes durch Gott Vater und Sohn wirkt die Erkenntnis der allmächtigen Liebe und lässt das einzelne menschliche Geschöpf die Zuwendung Gottes in Jesus Christus erleben. Alle drei Personen
Gottes wirken gegenüber der Schöpfung in ihrer wesentlichen Einheit. Dem
Heiligen Geist insbesondere aber wird zugeschrieben, dass er dieses Wirken
sichtbar und spürbar macht. Die Tätigkeiten, die ihm zugeschrieben werden,
sind das Heiligen der menschlichen Geschöpfe und das Vollenden der
Schöpfung. Dazu bedient er sich verschiedener Mittel und wirkt auf ver-
schiedene Weisen.[121] Er wirkt durch die Gemeinschaft der Glaubenden, und
er wirkt hin auf die ewige Gemeinschaft mit Gott.

Auch das Wirken des Heiligen Geistes geschieht nicht ohne menschliche
Mitwirkung. Gott der Dreieinige wirkt weder seine Menschwerdung noch
den Tod des Menschgewordenen an den menschlichen Geschöpfen vorbei,
sondern vielmehr in Kooperation mit ihnen. Ebenso wirkt er gemeinsam mit
ihnen das Werk der Heiligung und der Vollendung.

Durch das Wirken des Heiligen Geistes wird die heilige christliche Kirche oder auch die Gemeinschaft der Heiligen konstituiert und diese trägt
dazu bei, dass Menschen zu Gliedern dieser Gemeinschaft werden. Das Wirken des Heiligen Geistes führt dazu, dass einem Menschen, dem durch andere Menschen das Christusgeschehen als Heilshandeln des Dreieinigen verkündigt wird, Einsicht in dieses Heilshandeln gegeben wird. Erst und allein
der Heilige Geist erschließt die verkündigte Sache selbst, nämlich die
Wahrheit des Christusgeschehens und also das Wesen Gottes, das sich in ihm
manifestiert.[122] Gottes Geist durchleuchtet die Verkündigung auf ihren Sachgehalt hin und vermittelt den Adressaten der Verkündigung mit der Ent-
deckung der allmächtigen Liebe Gottes ein Gefühl der Erleichterung und
Befreiung.

---

[121] S. dazu im Folgenden.
[122] S. dazu Martin Luther, De servo arbitrio 238f.; WA 18, 609.

Die lebensbestimmenden Beziehungen eines Menschen werden durch das Wirken des Geistes zurechtgebracht. Er wird aus der (mehr oder weniger bewussten) Gebundenheit an geschaffene Mächte und der Nötigung zur Selbstrechtfertigung befreit. Nicht, dass er fortan nicht weiterhin gefordert wäre, Herausforderungen seines Leben anzugehen und auch belastende Aufgaben zu lösen. Doch wertet er Erfolg oder Misserfolg nun nicht länger als lebenssinnstiftend oder Infragestellung seiner Daseinsberechtigung. Er vermag nun, Aufgaben und Anforderungen in der Welt angemessen zu bewerten; Gottes Schöpferliebe und die Würde der Geschöpfe sind ihm Maßstab seines Handelns.

Durch das Wirken des Geistes erlebt das menschliche Geschöpf seine fundamentale Angewiesenheit auf Gott, den allmächtigen Dreieinigen. Im geistgewirkten Vertrauen auf Gottes allmächtige Liebe lebt das menschliche Geschöpf in lebensbestimmender Bezogenheit auf Gott. So ist es heilig gemacht. Heilig nämlich ist das Geschaffene, das sich durch maßgebliche Bezogenheit auf Gott auszeichnet. Diese Bezogenheit eines menschlichen Geschöpfs wirkt der Heilige Geist, der «Heiligmacher»[123].

Der Heilige Geist wirkt die Heiligung eines menschlichen Geschöpfs, dem durch andere das Heilswirken Gottes verkündigt wird. Diese Verkündigung geschieht mit dem Mittel der Predigt und der Feier der Sakramente.[124] Die Feier der Sakramente und die Predigt[125] – nicht die bloße Bibellektüre oder das Rezitieren von Glaubensbekenntnissen – sind gefordert, damit ein Mensch zum Glauben kommen und heilig werden kann.

---

[123] So nennt Martin Luther den Heiligen Geist; s. Martin Luther, Großer Katechismus, Von dem Glauben, Der dritte Artikel, BSLK 654, Z. 4.

[124] S. dazu CA V, BSLK 58: «Solchen Glauben zu erlangen, hat Gott das Predigtamt eingesetzt, Evangelium und Sakramente geben, dadurch er als durch Mittel den heiligen Geist gibt, welcher den Glauben, wo und wann er will, in denen, so das Evangelium hören, wirket [...].» S. auch Frage und vor allem Antwort 65 des Heidelberger Katechismus, HK 42: «Der Heilige Geist wirkt den Glauben in unseren Herzen durch die Predigt des heiligen Evangeliums und bestätigt ihn durch den Gebrauch der heiligen Sakramente.»

[125] Unter «Predigen» wird hier nicht ausschließlich das sonntägliche «Kanzelreden» verstanden. Gepredigt wird dann, wenn die allmächtige Liebe Gottes zur Sprache kommt, und zwar mit einer Sprache, die Gottes Liebeszuwendung zum Ausdruck bringt.

II.3.1. Gemeinschaft im Glauben und in der Liebe[126]

II.3.1.1. Die kirchliche Gemeinschaft

[...] ein heilige christliche Kirche, die Gemeine der Heiligen

Das glaubende Ich bekennt die heilige christliche Kirche, die mit der Gemeinschaft der Heiligen insofern identisch ist, als sie aus denjenigen besteht, die durch den Heiligen Geist zum Glauben gekommen und geheiligt worden sind. Die Glaubenden sind die Heiligen.

Das glaubende Ich ist überzeugt, dass der Heilige Geist Menschen heiligt und dass diese sich als Heilige in der heiligen christlichen Kirche versammeln. Das glaubende Ich weiß aber auch dies, dass über das Vorhandensein von Heiligkeit und Glaube Gott allein entscheidet; ihm ist die Allmacht Gottes bekannt, die grundlegend darüber entscheidet, woraufhin das Leben eines Menschen ausgerichtet ist und welchen Sinn das jeweilige Geschöpf in seinem Dasein sieht. Gott allein wirkt den Glauben. Ob ein Mensch heilig ist und im Glauben lebt, das wissen nur Gott und der Glaubende selbst. Kein anderer Mensch als der Glaubende selbst hat Einsicht in seine Gottesbeziehung und das Vorhandensein seiner Heiligkeit.[127] Das glaubende Ich allein kann sein Vertrauen in Gott erkennen und dementsprechend bekennen, dass es glaubt.[128]

Das glaubende Ich ist überzeugt, dass es die Kirche als die Gemeinschaft der Heiligen gibt. Es gibt keinen handfesten, keinen naturwissenschaftlich tauglichen Beweis dafür, dass der Heilige Geist bei den Mitmenschen Glauben wirkt. Es gibt jedoch das Selbsterleben der Wirksamkeit des Geistes, das sich einstellt, wenn Glieder der christlichen Gemeinschaft die Heilszuwendung Gottes verkünden und bekennen. Diese Gemeinschaft der Verkündi-

---

[126] Martin Luther untergliedert den dritten Artikel in drei Mittel, die der Heilige Geist für sein Werk nutze: 1. Kirche (d. i. die Gemeinschaft der Heiligen), 2. Vergebung der Sünden und 3. Auferstehung der Toten und ewiges Leben (s. Martin Luther, Großer Katechismus, Von dem Glauben, Der dritte Artikel, BSLK 654, Z. 9–13). In der vorliegenden Studie werden die ersten beiden Mittel unter der Überschrift «Gemeinschaft im Glauben und in der Liebe» dargestellt, da sie für diese Gemeinschaft von Menschen unmittelbar von Bedeutung sind. Die Auferstehung der Toten und das ewige Leben werden parallel dazu als die beiden Mittel des Geistes genannt, die unmittelbar die «ewige» Gemeinschaft des Glaubenden mit Gott betreffen (s. u. II.3.2.).

[127] S. dazu 1Sam 16,7: «Ein Mensch sieht, was vor Augen ist; der Herr aber sieht das Herz an.» – Dementsprechend heikel ist die Rede von der Sünde; insbesondere dann, wenn die Lebensführung von Menschen in den Blick genommen wird.

[128] S. zum Verständnis christlichen Glaubens s. unter III.

gung und des Bekenntnisses kann als Glaubensgemeinschaft angenommen werden. In seiner *Liebe* zu den Mitmenschen, die das glaubende Ich bestimmt, hält es das Bekenntnis aller Gemeindeglieder für den Ausdruck wahrhaften Glaubens, der gleichwohl nie bewiesen werden kann.[129] Indem das glaubende Ich den Gemeinschaftswillen der allmächtigen Liebe Gottes erkennt, kann es davon ausgehen, dass Gott selbst darauf hinwirkt, dass die Gemeinschaft der Heiligen wirklich wird, und es ist überzeugt, dass die Gemeinschaft der Heiligen, wenn sie auch für das Auge nicht sichtbar ist, doch tatsächlich existiert.

Anders als die Gemeinschaft der Heiligen hat die institutionell verfasste Kirche, zu der die Heiligen gehören, hörbare und sichtbare Kennzeichen. Sie ist dadurch ausgezeichnet, dass sich in ihr Menschen zum Hören der Predigt und zur Feier der Sakramente versammeln.[130] Nur mit den Mitteln der Predigt und der Sakramente, also durch das Mittel menschlicher Verkündigung der Heilszuwendung Gottes, wirkt der Heilige Geist Glauben.[131] Und eben dies, dass

---

[129] S. dazu Martin Luther, De servo arbitrio, 321.323; WA 18, 651f.: «Das sage ich nicht, weil ich verneinen will, dass die Heilige oder Kirche Gottes sind, die du anführst. Sondern weil dann, wenn es jemand verneint, nicht erwiesen werden kann, dass eben diese heilig sind [...]. [...] Ich nenne sie Heilige und halte sie dafür, ich bezeichne sie als Kirche Gottes und glaube das, nach dem Maßstab der Liebe, nicht nach dem Maßstab des Glaubens. Das heißt, ‹Liebe›, die alles Beste von jedem annimmt, nicht argwöhnisch ist, alles Gute von den Nächsten glaubt und annimmt, jeden Getauften heilig nennt. Und es besteht keine Gefahr, wenn sie irrt [...]. Der Glaube aber nennt keinen heilig, außer er ist durch göttliches Urteil dazu erklärt. Denn es ist Sache des Glaubens, nicht getäuscht zu werden. Daher müssen wir uns alle gegenseitig für heilig halten nach dem Recht der Liebe, und dennoch darf keiner als heilig beurteilt werden nach dem Recht des Glaubens, als ob es ein Glaubensartikel wäre, dass jener oder jener heilig sei; auf diese Weise kanonisiert jener Widersacher Gottes die Seinen, die er nicht kennt, zu Heiligen, der Papst nämlich, der sich an die Stelle Gottes setzt.»

[130] CA VII, BSLK 61: «Es wird auch gelehrt, dass alle Zeit müsse ein heilige christliche Kirche sein und bleiben, welche ist die Versammlung aller Gläubigen, bei welchen das Evangelium rein gepredigt und die heiligen Sakramente lauts des Evangelii gereicht werden.» – Nach reformatorischem Verständnis ist nicht erkennbar, wer heilig ist. Jedoch ob eine Gemeinschaft eine «Kirche» ist, das kann am Vorhandensein und der Beschaffenheit der Kennzeichen Predigt und Sakramente abgelesen werden.

[131] S. dazu Martin Luther, De servo arbitrio, 431; WA 18, 695: «So hat es Gott gefallen, dass er nicht ohne Wort [d. i. Predigt], sondern durch das Wort den Geist austeilt, damit er uns als seine Mitarbeiter habe. Wir bringen äußerlich zum Klingen, was er selbst allein innerlich einhaucht, wo nur immer er will. Freilich könnte er das ohne Wort tun. Aber das will er nicht.» S. auch a. a. O., 573; WA 18, 754: «[E]r wirkt nicht ohne uns, die er eben dazu erneuert hat und erhält, dass er in uns wirke und wir mit ihm zusammenwirken. So predigt er,

Gott Glauben wirkt, ist das Anliegen der christlichen Kirche. Sie ist entsprechend erkennbar dadurch, dass sie diesem Anliegen auf die ihr mögliche Weise nachkommt.

II.3.1.2. Feier der Sakramente und «Hören» der Predigt

Die beiden Sakramente (a) Taufe und (b) Abendmahl[132] lassen das glaubende Ich am eigenen Leib die Zuwendung Gottes in Jesus Christus erleben, die (c) mit der Predigt verkündigt wird. Das glaubende Ich erlebt in Taufe und Abendmahl leibhaft die allmächtige Liebe, die aus Sünde und Tod befreit.

a) In der Taufe wird das menschliche Geschöpf hineingestellt in den Lebensweg Christi. Mit ihm durchlebt es den Sündentod (dargestellt durch das Eintauchen des Täuflings in Wasser), aus dem Gott herausführt zu neuem, ewigem Leben (dies wird mit dem Auftauchen symbolisiert).[133] Im Glauben weiß es sich durch die Taufe in Beziehung gesetzt mit Gott, der dem Menschen bis zum Tod am Kreuz nahekam. Im tiefsten Elend, im Gotteszweifel, den der Gekreuzigte selbst erlitt, weiß das glaubende Ich den Gekreuzigten nah. Und es erlebt mit ihm die Auferstehung aus dem Sündentod, die im gegenwärtigen Leben neues, ewiges Leben eröffnet.[134]

---

erbarmt sich der Armen, tröstet die Angefochtenen durch uns.» Nach Luther kommt Gott dem Menschen auf menschliche Weise nahe.

[132] Dass Taufe und Abendmahl die beiden Sakramente der Kirche sind, darin stimmen die lutherische und die reformierte Tradition überein (s. dazu Martin Luther, Großer Katechismus, BSLK 691–725 und Heidelberger Katechismus, HK 68–79). Das Verständnis der Sakramente differiert allerdings. Obige Ausführungen sind an Luthers Verständnis der Sakramente angelehnt.

[133] S. dazu Martin Luther, De captivitate Babylonica ecclesiae praeludium, WA 6, 534: «Significat itaque baptismus duo, mortem et resurrectionem»/«Die Taufe zeigt zweierlei, Tod und Auferstehung».

[134] S. dazu Röm 6,3f.: «Wisst ihr denn nicht, dass wir, die wir auf Christus Jesus getauft wurden, auf seinen Tod getauft worden sind? Wir wurden also mit ihm begraben durch die Taufe auf den Tod, damit, wie Christus durch die Herrlichkeit des Vaters von den Toten auferweckt worden ist, auch wir in der Wirklichkeit eines neuen Lebens unseren Weg gehen.» S. dazu Martin Luthers Auslegung von Röm 6: De captivitate Babylonica ecclesiae praeludium, WA 6, 534: «[…] dum incipimus credere, simul incipimus mori huic mundo et vivere deo in futura vita, ut fides vere sit mors et resurrectio, hoc est spiritualis ille baptismus, quo immergimur et emergimus.»/«[...] während wir zu glauben beginnen, beginnen wir zugleich dieser Welt zu ersterben und Gott zu leben im zukünftigen Leben, so dass der Glaube in Wahrheit Tod und Auferstehung ist, dies ist geistlich jene Taufe, bei der wir eingetaucht werden und auftauchen.»

Das getaufte glaubende Ich weiß sich erlöst aus dem Sündentod. Es ist selbst auferstanden im Glauben an den Menschgewordenen, der den Weg der Auferstehung vorangegangen ist. In der Nachfolge Christi durch den Sündentod zu ewigem Leben erlebt das glaubende Ich Gott als den eigenen Vater, der ihm immer schon zugewandt ist.

Die Auferstehung Christi ist dem glaubenden Getauften im Glauben offenbar. Er sieht im geistgewirkten Selbsterleben der Auferstehung ihre Wahrheit ein. Dabei erlebt er Gottes versöhnendes Handeln. Er erkennt, dass es nicht zutrifft, wenn Leid und Tod göttlichem Zorn zugeschrieben werden; Gott zürnt nicht über das, was er in ewiger Liebe schuf. Dass das eigene Leid durch Gottes Zorn verursacht sei, dies Missverständnis schürt der sündige Gotteszweifel. Dabei ist Gottes Liebe aus auf die Erlösung aus Angst, Leid und Tod. Dies ist mit der Auferstehung Christi erwiesen. Und eben diese lebenweckende Zuwendung Gottes erlebt das glaubende Ich leibhaft in der Taufe, und immer wieder dann wird ihm dieses Heilsgeschehen bewusst, wenn es sich seines Getauftsein erinnert.[135]

b) Auch im Abendmahl erlebt das glaubende Ich leibhaft die Gegenwart des Gekreuzigten und Auferstandenen. Denn das Abendmahl vergegenwärtigt die Zuwendung Gottes an den Menschen, die in Jesus Christus wirklich geworden ist. Das glaubende Ich nimmt mit Brot und Wein Gottes Zuwendung leibhaft auf. So ist es in Gemeinschaft mit dem, der in seiner Hinwendung zum Menschen starb und auferstand.

c) Die Verkündigung der Heilszuwendung Gottes, wie sie leibhaft in den Sakramenten gegenwärtig ist, bedarf der menschlichen, sprachlich verfassten Kommunikation. Mit dem Mittel der Predigt wird in Worte gefasst und sprachlich zum Ausdruck gebracht, was die Sakramente leibhaft erleben lassen. Dazu dient die Auslegung der kanonischen biblischen Überlieferung, die das Christusgeschehen als wahr bezeugt. Nicht die bloße Lektüre des Bibeltextes, sondern dessen Auslegung ist nötig, damit der Sachgehalt der Texte deutlich werden kann. Es gilt biblische Bilder und Metaphern, die auch in Lieder und Bekenntnistexte aufgenommen sind, für die jeweils gegenwärtige Gemeinde verstehbar zu machen. Verstehbarkeit dieser Texte ist nur dann

---

[135] S. hierzu auch Christine Axt-Piscalar, Taufe – Sünde – Buße bei Luther und in den Lutherischen Bekenntnisschriften, 176: Nach Luther sei «die Taufe das bleibende Zeichen der Verheißung über dem christenmenschlichen Leben, von dem her, zu dem hin und durch das das christenmenschliche Leben in seiner Ganzheit beständig konstituiert ist und bleibt.»

gegeben, wenn die raum-zeitliche Bestimmtheit ihrer Abfassung sowie die jeweiligen gesellschaftlichen Umstände berücksichtigt werden, unter denen die Texte verfasst wurden und unter denen sie rezipiert werden. Als Zeugnisse der Liebeszuwendung Gottes können die Texte nur dann angemessen verstanden werden, wenn die Rede von der allmächtigen Liebe als Schlüssel zu ihrem Verstehen dient.

Die Offenbarung der allmächtigen Liebe im Christusgeschehen ist die Pointe des Handelns Gottes und darum der Schlüssel zum Verstehen der biblischen Zeugnisaussagen über Gottes Handeln und seinen Willen. Dass im biblisch bezeugten Christusgeschehen die allmächtige Liebe sichtbar wird, ist gleichwohl im Wirken des Geistes begründet, der den wahren Sinn des Geschehens sichtbar macht, indem er die Augen dafür öffnet.[136] Er lässt Gottes Zuwendung zu seinen Geschöpfen sehen und erkennen, dass Gott in seiner allmächtigen Liebe darauf hinwirkt, Leid, Tod und Sünde zu überwinden und seinen Geschöpfe ewiges Leben zu eröffnen, weil er in Liebesgemeinschaft mit ihnen leben will.

Weder historische noch naturwissenschaftlich verwendbare Beweise können für die Wahrheit des Christusereignisses erbracht werden. Ausschlaggebender Erweis der Wahrheit von der allmächtigen Liebe ist ihr Selbsterleben. Wem durch das Wirken des Heiligen Geistes die im Christusgeschehen geoffenbarte Liebe Gottes bewusst geworden ist, dem ist dessen Wahrheit gewiss; er ist sich dessen gewiss, dass Gott Mensch geworden ist, am Kreuz gestorben ist und auferstand aus Liebe zu seinen Geschöpfen. Mit der Einsicht in die Wahrheit ist das glaubende Ich darauf aus, die allmächtige Liebe zu bekennen. Das geliebte Ich will davon sprechen und hörbar machen, dass es geliebt ist und Gottes Liebe erwidert.

Die Predigt der allmächtigen Liebe sieht die Kirche als ihre genuine Aufgabe an. Sie verkündigt die Liebeszuwendung des Schöpfers in Jesus Christus durch den Heiligen Geist und ermöglicht auf diese Weise, dass von der Heilszuwendung Gottes auch andere Menschen erfahren und diese die Wahrheit des Christusereignisses entdecken können. Denn im Hören der Predigt wirkt der Heilige Geist – nach seinem Willen – in denen, die hören, den christlichen Glauben.[137] Die Verkündigung der Liebeszuwendung Gottes durch die Predigt ist Voraussetzung dafür, dass Gott selbst – wie bei Paulus

---

[136] S. dazu Martin Luther, De servo arbitrio 239; WA 18, 609: «[D]er Geist wird erfordert zum Verständnis der ganzen Schrift und jedes ihrer Teile.»

[137] S. Röm 10,17.

und den Emmaus-Jüngern – durch das Wirken des Geistes einem Menschen Einsicht in die Wahrheit des Verkündigten gibt.

Nur die beständige Verkündigung und das beständige «Hören»[138] der Botschaft von der allmächtigen Liebe wirken möglicher Gottvergessenheit entgegen und beugen Gotteszweifel vor. Verhindern können sie beides nicht. Es liegt allein in Gottes allmächtiger Liebe begründet, ob und wann ein Mensch zum Glauben kommt und seinem Schöpfer zu vertrauen vermag. Es ist also auch dies in Gottes Macht, dass ein Mensch die Wahrheit des Christusgeschehens zu Lebzeiten nicht einsieht und lebenslang in Sünde lebt.[139]

Solche Existenz unter der Sünde, lebenslänglich, kann weder Strafe sein noch gar Ausdruck von Gotteszorn. Denn das menschliche Geschöpf ist nicht mächtig, Glauben zu schaffen. Mit Zorn und Strafe würde Gott sich gegen die Beschaffenheit seines Geschöpfes und also gegen sein eigenes schöpferisches Wirken richten. Dieses verdankt sich doch aber der ihm selbst wesentlichen Liebe, die ihre Schöpfung immer schon angenommen hat und nicht nachträglich verstößt. Dass ein jeder Mensch immer schon zurückbleibt hinter der Forderung, Gott zu lieben und den Nächsten wie sich selbst, dies geschieht ohne dessen bewusste willentliche Absicht. Das Willensvermögen des Menschen ist prinzipiell nicht fähig, sich für oder gegen Gott zu entscheiden.[140] Gott allein wirkt in seiner Liebe seine eigene Offenbarung, die dann Erlösung aus der Sünde und ein Leben im Glauben gewährt.[141]

Weil Gott nicht ohne Mitwirkung des Menschen dem Menschen seine Liebe offenbart, ist es nötig, dass die Gemeinschaft derer, die durch das Wirken des

---

[138] Es ist mit der Rede vom «Hören» der Predigt nicht ausgeschlossen, dass sie auch in anderer Weise als durch gesprochene Worte heilsam kommuniziert werden kann.

[139] Dass Gott nicht allen Menschen während ihres irdischen Daseins und gar möglichst früh in ihrem Leben Glauben schenkt, fordert in besonderem Maß heraus zu der Frage, ob Gott denn in Wahrheit Liebe ist; müsste er dann nicht allen Menschen zu Lebzeiten und frühzeitig seine Liebe zeigen? Zum einen ist in dieser Sache zu bemerken, dass Menschen, die den christlichen Glauben nicht teilen, dies nicht unbedingt für einen Nachteil und ein Defizit ihres Lebens halten. Zum anderen stellt Friedrich Schleiermacher fest, dass sich «von dem Einzelnen sagen [läßt], wenn seine Zeit erfüllt ist wird Jeder wiedergebohren, so daß sein durch diese Zeitbestimmung bedingtes neues Leben auch, wie spät es immer eintrete, ein schlechthin größtes ist»; und es könne im Vertrauen auf Gottes vorherbstimmende Allmacht nicht angenommen werden, «es wäre ihm [dem Einzelnen] besser gewesen früher wiedergebohren zu sein» (Friedrich Schleiermacher, CG 118,1,251).

[140] S. hierzu Martin Luther, Heidelberger Disputation, These XIV, 47, Z. 38–40: «Das freie Willensvermögen aber ist tot. Es wird, wie die Heiligen Lehrer sagen, bezeichnet durch jene Toten, die der Herr auferweckt hat.»

[141] S. hierzu v. a. unter III.

Heiligen Geistes bereits zum Glauben gekommen und heilig geworden sind, die Liebeszuwendung Gottes verkündigt. Es ist angebracht, dass diese Gemeinschaft diese Verkündigung auf Dauer stellt durch die Einrichtung eines Predigtamtes[142], das allerdings keineswegs von der Glaubensstärke der Predigenden abhängig ist.

Vor allem ist christlicher Glaube nicht abhängig von den Menschensätzen, die der oder die Predigende spricht. Christlicher Glaube hängt keinesfalls an der Übernahme und Rezitation menschlicher Formulierungen über das, was als Wahrheit eingesehen ist. Diese Einsicht wird nur dann gewährt, wenn Gott selbst die Wahrheitszeugnisse recht verstehen, wenn er den Sachgehalt der Verkündigung einsehen lässt und einen Menschen heilig macht.

Heilig macht Gott der Heilige Geist einen Menschen mit dem Mittel der Kirche, die durch die Feier der Sakramente und ihre Predigt ermöglicht, dass ein Mensch zum Glauben kommt und also heilig wird. Ohne die Kenntnis des Heilshandelns Gottes, die ein Mensch nur durch menschliche Kommunikation vermittelt erhalten kann, kann ihm nicht deutlich werden, dass der Dreieinige ihm in ewiger Liebe zugetan ist. Er vermag nicht zu erleben, wie die allmächtige Liebe beschaffen ist, wenn sie ihm nicht durch die Sakramente als die Liebesgaben Gottes spürbar gemacht wird.

Die Vermittlungsaufgabe, die der Kirche aufgetragen ist, kann geradezu als Vermittlungsbarriere erscheinen. Denn sowohl Nachlässigkeit in der Vermittlungstätigkeit von Seiten der Kirche wie auch eine raum-zeitlich bedingte Unmöglichkeit mit ihrer Verkündigung in Kontakt zu kommen, können einem Heiligwerden des Menschen im Wege stehen. Dass der Allmächtige zu bestimmter Zeit durch den Menschen Maria zur Welt gekommen ist, macht allerdings deutlich, dass er von Ewigkeit her darauf hinwirkt, dass die heilvermittelnde Kooperation mit dem Menschen wirklich wird.[143] In seiner

---

[142] S. CA V, s. o. S. 68, Anm. 124.

[143] Zum Vergleich der Mutter Maria mit der Kirche als der «Mutter» der Heiligen s. Martin Luther, Großer Katechismus, Von dem Glauben, Der dritte Artikel, BSLK 654f.: «So lerne nu diesen Artikel aufs deutlichste verstehen. Wenn man fragt: Was meinest Du mit den Worten: ‹Ich gläube an den heiligen Geist?›, daß Du könntest antworten: ‹Ich gläube, dass mich der heilige Geist heilig machet, wie sein Name ist.› Womit tuet er aber solches oder was ist seine Weise und Mittel dazu? Antwort: ‹durch die christliche Kirche, Vergebung der Sunden, Auferstehung des Fleischs und das ewige Leben›. Denn zum ersten hat er ein sonderliche Gemeine in der Welt, welche ist die Mutter, so einen iglichen Christen zeugt und trägt durch das Wort Gottes, welches er offenbaret und treibt, die Herzen erleuchtet und anzündet, daß sie es fassen, annehmen, daran hangen und dabei bleiben. Denn wo er's nicht predigen lässet und im Herzen erweckt, daß man's fasset, da ist's verloren, wie unter dem

Allmacht wirkt er grundsätzlich und von Ewigkeit her, dass seine Geschöpfe wiedergeboren und heilig gemacht werden.

Heilig ist ein Mensch im Glauben, weil er im Glauben ganz auf Gott ausgerichtet lebt. In lebensbestimmender Bezogenheit auf Gott den Dreieinigen ist ein Mensch heilig und ein Glied der Gemeinschaft der Heiligen. Die lebensbestimmende Bezogenheit auf Gott ist allerdings nur durch Gott selbst garantiert. Stets ist das Glaubensleben eines Menschen gefährdet durch Gottvergessenheit und Gotteszweifel. Immer wieder müssen seine Gottvergessenheit und sein Gotteszweifel überwunden werden. Das geschieht mit dem Mittel der Sündenvergebung.

II.3.1.3. Sündenvergebung

[...] Vergebung der Sünden

Das glaubende Ich erlebt die Zuwendung Gottes, von der die Predigt spricht, weil der Heilige Geist beim «Hören» der Predigt seinen Glauben wirkt und stärkt. Indem es diese Zuwendung erlebt, ist ihm zugleich bewusst, dass ohne das Wirken Gottes im Geist sein Leben ein Leben in Sünde gewesen ist und geblieben wäre und auch sein wird, wenn der Geist nicht zukünftig den Glauben erhält und stärkt.

Dem glaubenden Ich ist die eigene Sünde bewusst, indem es zum Glauben kommt. Im Glauben erkennt das glaubende Ich, dass in der Vergangenheit sein Leben nicht auf Gott ausgerichtet gewesen ist, dass es vielmehr anderes vor Augen hatte, von dem es sich Heil erwartete. Entsprechend erkennt es sein Tätigsein in der Vergangenheit als ein Wirken von Sündentaten. Gegenüber der Liebeszuwendung Gottes, die es gegenwärtig erlebt, erkennt es die eigene Lieblosigkeit gegenüber Gott, dem Nächsten und sich selbst, die in seinem Handeln zum Ausdruck kam.[144] Es erkennt, dass es ihm nicht gelang, in einer Weise zu leben, die zu seinem Heil und zum Heil der Mitwelt diente. Denn es ist ihm nicht möglich gewesen, die Forderung zu erfüllen, die der Dreieinige stellt. Das erste Gebot oder auch das «Dreifachgebot» der Liebe[145] hat es nicht erfüllt und dementsprechend Sündentaten gewirkt.

Die Frage, ob es Gottes Gebote erfüllt habe, muss das glaubende Ich, dass seine Vergangenheit als Zeit unter der Sünde einsieht, verneinen. Im Erleben

---

Bapsttumb geschehen ist, da der Glaube ganz unter die Bank gesteckt, niemand Christum für einen Herrn erkannt hat noch den heiligen Geist für den, der da heilig machet.»

[144] S. dazu o. II.1.3.3.a).

[145] Zum Zusammenhang von erstem Gebot und «Dreifachgebot» s. o. S. 34, Anm. 35.

der Zuwendung Gottes in Jesus Christus werden ihm seine Sünden(-taten) bewusst. In Scham und in Reue über seine Sündentaten, wird ihm Vergebung der Sünden zuteil.

Ein schlechtes, reuiges Gewissen gegenüber Gott quält das glaubende Ich, sobald es durch das Wirken des Geistes Gottes Liebe erlebt. Erst das Wirken des Geistes macht ihm bewusst, dass es hinter Gottes Liebe zurückgeblieben ist, gottlos und lieblos gehandelt hat. Zugleich mit der Einsicht in die eigene Sünde ist ihm aber auch deutlich, dass diese Einsicht in Gottes allmächtiger Liebe begründet liegt. Denn Gottes Glauben-Wirken bewirkt *Sündenerkenntnis* und damit Reue und Scham. Und Gottes Glauben-Wirken wirkt die Einsicht, dass Gott in Jesus Christus die Sünde schon längst vergeben hat.[146] Der Gekreuzigte hat den Sündentod überwunden und ist zum ewigen Leben auferstanden, in das der Glaubende in der Nachfolge Christi dem Auferstandenen folgt. Diese Auferstehung macht nicht ungeschehen, was war und hebt die Folgen nicht auf, die die Taten des Sündhaften ausgelöst haben;[147] dass die Sündentaten gerade auch von Gott nicht übersehen und nachträglich gar für gering und nichtig erachtet werden, dafür steht der Kreuzestod Christi. Doch die Auferstehung eröffnet ein neues, gottbezogenes Leben, das von der Last der Vergangenheit frei sein wird.

Im glaubenden Rückblick auf das vergangene Leben unter der Sünde wird dieser Lebensabschnitt erkennbar als Weg zum Glauben hin. Auch in dieser Zeit erhält und leitet Gott den Menschen, obwohl dieser davon nicht weiß.[148] Im Glauben an Gottes Heilszuwendung in Jesus Christus jedoch

---

[146] Vgl. hierzu Ingolf U. Dalferth, Leiden und Böses, 201f.: «*Sünde* kommt [... im Apostolikum] ausschließlich unter dem Gesichtspunkt der *Vergebung* zur Sprache, also nicht als eigenständiges Thema, sondern als Implikat dessen, dass menschliches Heil allein Gott selbst zu verdanken ist und es niemanden gibt, der nicht darauf angewiesen wäre. *Was* Sünde und Böses ist, lässt sich daher auch nicht irgendwelchen Phänomenen des menschlichen Lebens entnehmen, wenn man darauf achtet, *was vergeben wird* und *was Vergebung ist*: Die Vergebung der Sünde erschließt, was Sünde ist, und die *Überwindung* des Bösen erschließt, was Böses ist. Die *Vergebung* der Sünde aber zeigt, dass es die *Grundorientierung des menschlichen Lebens* ist, die zurechtgebracht wird, indem Gott die Menschen auf seine Gegenwart hin ausrichtet, *Sünde* also die *Fehlorientierung* menschlichen Lebens insgesamt und nicht irgendein partielles moralisches oder gar sexuelles Fehlverhalten ist.»

[147] Schon gar nicht ist mit der Vergebung der Sünden eine juristische Beurteilung und strafrechtliche Verurteilung bestimmter, je nach Rechtsordnung festgesetzter Straftaten obsolet; diese ist vielmehr um des geordneten Zusammenlebens der Menschen willen unabdingbar.

[148] Vgl. dazu Martin Luthers Ausführungen zum Geführtwerden des nach Ex 4,21ff. verstockten Pharaos durch Gott, in: Martin Luther, De servo arbitrio, 467ff.; WA 18, 711.

erlebt ein Mensch die Vergebung seiner Sünden, und zwar als Auferstehung zu neuem, ewigen Leben mit Gott, in dem der Mensch frei ist von seiner Sündenlast, befreit zu Taten des Glaubens. Das Vergebungsgeschehen bedeutet die Stiftung und Erhaltung der immer wieder von Seiten des Menschen in Frage gestellten Gottesbeziehung.

II.3.2. Gemeinschaft mit Gott

Durch das Heiligmachen des Heiligen Geistes erkennt und erlebt das glaubende Ich das erlösende Wirken Gottes in Jesus Christus. Das Wirken des Heiligen Geistes geschieht ebenso wie das Wirken Gottes in Jesus Christus in Kooperation mit dem Menschen. Heilig werden diejenigen Menschen, die durch die Verkündigung der kirchlichen Gemeinschaft vermittelt zum Glauben kommen und sich von Gott gerechtfertigt wissen. So wenig der Glaube jedoch durch Menschen gemacht werden kann, so wenig kann er durch menschliches Tun erhalten werden. Immer wieder gilt es das Liebesbekenntnis Gottes zu «hören», damit Gott selbst, vermittelt durch menschliche Kommunikation, im Heiligen Geist den Glauben erhalten und stärken kann.

Der Glaube, den der Heilige Geist wirkt und erhält, ist nicht einmal mehr, einmal weniger stark. Die Gewissheit über die Wahrheit des Christusereignisses kann nicht einmal stärker einmal schwächer sein (das widerspräche dem Sinn von «Gewissheit»); entweder besteht Gewissheit oder es bestehen Zweifel. Es kann allerdings im Blick auf das gesamte Leben eines Menschen die Möglichkeit einer Zunahme des Glaubens im Sinne seines Beständigwerdens angenommen werden. Dadurch, dass ein Mensch in seinem Leben mehrfach die Überwindung von Gottvergessenheit und Gotteszweifel erlebt, wird ihm die Zuwendung Gottes, durch die er sich dem Dreieinigen verbunden weiß, mit der Zeit vertrauter und wohl weniger leicht zweifelhaft.[149]

---

[149] S. dazu Martin Luther, Großer Katechismus, Von dem Glauben, Der dritte Artikel, BSLK 659: «Indes aber, weil die Heiligkeit angefangen ist und täglich zunimmt, warten wir, dass unser Fleisch hingerichtet (getötet) und mit allem Unflat bescharret (begraben) werde, aber herrlich hervorkomme und auferstehe zu ganzer und völliger Heiligkeit in einem neuen ewigen Leben. Denn jetzt bleiben wir halb und halb reine und heilig, auf dass der heilige Geist immer an uns arbeite durch das Wort und täglich Vergebung austeile bis in jenes Leben, da nicht mehr Vergebung wird sein, sondern ganz und gar rein und heilige Menschen, voller Frommkeit und Gerechtigkeit». S. auch Martin Luther, Disputatio de homine, These 39, 669.

II.3.2.1. Auferstehung

[...] Auferstehung des Fleisches[150]

Das glaubende Ich bekennt die Auferstehung Christi, die es in seinem Zum-Glauben-Kommen selbst erlebt. Indem es heilig gemacht und also durch den Heiligen Geist zu Gott gebracht wird, folgt es Jesus Christus nach auf dem Weg aus dem Sündentod hin zu Gott. So wie der Menschgewordene aus dem Tod erweckt wurde, wird auch ein Mensch im Glauben zu neuem Leben gebracht.[151]

Das Erleben solcher Auferstehung lässt die allmächtige Liebe Gottes erkennen und als wahr bekennen. Das glaubende Ich bekennt die Wahrheit der Auferstehung Christi, weil es selbst «auferstanden» ist zu neuem Leben mitten im Leben. Mit der eigenen Auferstehung erkennt es in der Auferstehung Christi das Streben Gottes nach ewiger Gemeinschaft mit seinen Geschöpfen. Es entspricht Gottes allmächtigem Liebeswillen, seine Geschöpfe zur ewigen Gemeinschaft mit sich zu erwecken und zu führen (a). Wer diejenigen sein werden, die mit ihm in Gemeinschaft leben werden (b), und wann dies letztendlich und endgültig geschehen wird (c), ist fraglich.

a) Die Auferstehung mitten im Leben, die in der Taufe sakramental verbürgt ist, weist auf die Auferstehung nach dem irdischen Dasein voraus. Das glaubende Ich ist im Wissen um die Auferstehung Christi, wie sie ihm selbst im Leben widerfährt, gewiss, dass auch nach dem physischen Absterben Gottes Bezogenheit auf seine Geschöpfe nicht beendet sein wird. Denn Gottes Wille, mit den Geschöpfen zu leben, kann nur dann wirklich werden, wenn sie mit ihm in Ewigkeit und also über jede Beschränktheit von Zeit und Raum hinaus verbunden sind. Entsprechend ist das glaubende Ich überzeugt, dass nach dem physischen Absterben die Auferstehung der Toten geschehen wird.[152]

---

[150] Zu dieser Übersetzung s. Martin Luther, Großer Katechismus, Von dem Glauben, Der dritte Artikel, BSLK 659: «Daß aber hie stehet ‹Auferstehung des Fleisches›, ist auch nicht wohl deutsch geredt. [...] Auf recht Deutsch aber würden wir also reden: ‹Auferstehung des Leibs oder Leichnams›.»

[151] «Nachfolge» Christi geschieht auf dem Weg durch den «Sündentod» als der Erkenntnis der eigenen Lieblosigkeit (Unzulänglichkeit gegenüber der eigenen Bestimmung) hin in die ewige Gemeinschaft mit Gott.

[152] Für Martin Luther ist klar, dass der «irdische» Tod eines jeden Menschen nur Übergang ist in das Leben mit Gott, das im Glauben auf Erden bereits beginnt (s. o. S. 71, Anm. 134). Nach Luther erkennt der Glaubende das gegenwärtige Leben als den «transitus ex hoc mundo ad patrem»/«Übergang aus dieser Welt zum Vater» (De captivitate Babylonica

Ebenso wie die Schöpfung von Leben ist auch die Auferstehung der Toten nicht an naturwissenschaftlich nachvollziehbare Prozesse gebunden. Vielmehr sind die Bekenntnisaussagen über Schöpfung und Auferstehung Aussagen über die allmächtige Liebe Gottes. Was Gott in Allmacht geschaffen hat, das ist auf ewig ihm als sein Geschaffenes verbunden. In seiner Liebe wirkt er darauf hin, dass durch Raum und Zeit hindurch die Geschöpfe sich mit ihm in Liebe verbunden wissen.[153]

Liebesgemeinschaft, wie sie im Christusgeschehen realisiert ist, erwartet das glaubende Ich für das ewige Leben, zu dem die physisch Toten auferstehen werden. Diese Auferstehung der Toten[154] wird als Vollendung der in Allmacht gewirkten Liebesschöpfung Gottes angenommen.[155]

---

ecclesiae praeludium, WA 6, 534, Z. 38f.). Dem Glaubenden sei deutlich, «haec vita [... est] nihil nisi praecursus aut initium potius futurae vitae»/«dieses Leben ist nichts als ein Vorlauf oder vielmehr: ein Anfang des zukünftigen Lebens» (Martin Luther, De servo arbitrio, 654f.; WA 18, 785).

[153] Die im Glauben gegebene Hoffnung auf das ewige Leben ist nach Luther begründet in der Erkenntnis Gottes als des allmächtigen Schöpfers des Himmels und der Erde, der aus dem Nichts seine Schöpfung hervorgehen ließ, wie er seinen gekreuzigten Sohn von den Toten erweckte. «Und das ist auch die Warheit, Wenn dis Principium, das ist: Grund und Heubtstück stehet, Das Gott Allmechtiger Schepffer ist aller Creaturn, so bringet die folge unwidersprechlich und unleugbar, das Gott alle ding müglich seien. [...] Und ist der Artickel von der Aufferstehung aus dem Artickel von der Schepffung starck und gewaltig geschlossen.» (Martin Luther, Predigt vom 11.5.1544, WA 49, [395–415] 400, Z. 19–27)

[154] Die Rede von der Auferstehung des «Fleisches» bezeichnet die Auferstehung der nicht nur geistlich, sondern (auch) körperlich «Toten»; s. o. S. 79, Anm. 150.

[155] Entsprechend muss auch die Körperlichkeit des Menschen in die Ewigkeit aufgehoben werden. Vgl. hierzu Friedrich Hermanni, Metaphysik, 184, der die «anamnetische» Lösung zum Verständnis der Auferstehung der Toten für plausibel hält. Weil «Seele» und Leib eines Menschen bei dessen Tod ganz und gar gestorben seien, könne nicht erwartet werden, dass die Toten mit ihrer Seele (getrennt vom Körper) oder mit dem Körper auferstehen, den sie zu Lebzeiten besaßen. Die Identität des Toten mit dem Auferstehenden könne weder durch die kontinuierliche Fortexistenz seiner Seele noch durch die Bewahrung materieller Bestandteile seines Leibes gewahrt werden. «Zwar geht der Mensch im Tode ganz und gar zugrunde, aber in der göttlichen Erinnerung lebt er weiter. [...] Das Gedächtnis Gottes übernimmt also die Rolle, die im Standardmodell der unsterblichen Seele des Menschen und in einem christlichem Materialismus seinem Körper zugeschrieben wird. Er schafft jene Kontinuität, von der die den Tod übergreifende personale Identität des Menschen abhängt.» Hermanni streicht aber heraus, dass mit der Vorstellung vom Weiterleben eines Gestorbenen in der Erinnerung Gottes nicht die christliche Auferstehungshoffnung ersetzt werden dürfe. Die erwartete ewige Liebesgemeinschaft des Menschen mit Gott verlangt ein gegenseitiges Präsentsein beider, das mit der einseitigen Erinnerung Gottes allein noch nicht gegeben ist. Doch die kontinuierliche Identität des Gestorbenen ist durch Gottes Erinnerung gewährleistet; eben der Erinnerte wird in Ewigkeit mit Gott in Gemeinschaft sein (s. a. a. O., 185).

b) Strittig ist, wer die Toten sein werden, die auferstehen, und ob die Auferstandenen allesamt zu ewigem, seligem Leben auferstehen werden. Beweise für die Annahme, dass nur Auserwählte auferstehen werden, oder Beweise dafür, dass die einen zu seligem Leben, die anderen zu ewigem Verderben auferstehen werden, gibt es nicht.

So wie sich die allmächtige Liebe in der Auferstehung des Gekreuzigten als des größten Sünders bewiesen hat, ist in ihrem Sinne anzunehmen, dass die Auferstehung allen Sünderinnen und Sündern gilt und ihnen allen den Weg ins ewige, selige Leben eröffnen wird.[156] Dieser Weg führt jedoch durch das endzeitliche Gericht, von dem der zweite Artikel spricht. Denn mit der Erkenntnis der Liebe Gottes, die sich dem sündigen Menschen zuwendet, ist eben zugleich die Erkenntnis der eigenen Sündhaftigkeit untrennbar verbunden. Wiederum ist Gottes Liebe erst angesichts der eigenen Sündhaftigkeit und im Erleben der Überwindung des Sündentodes als allmächtige Liebe erkannt.

Mit dem Wesen der allmächtigen Liebe Gottes ist es nicht vereinbar, dass nur bestimmte Geschöpfe, andere aber nicht, dazu auserwählt sind, zu ewigem Leben aufzuerstehen. In ihrer Allmacht ist die Liebe durch nichts beschränkt oder beschränkbar. Nichts kann sein, auf das sie nicht gerichtet, dem sie nicht verbunden wäre. Alles, was ist, entstammt ihr, und entsprechend wirkt sie in ihrer Allmacht auch daraufhin, mit allem, was ist, in Gemeinschaft zu treten.[157]

Was sie will und wirkt, das ist in völliger Übereinstimmung mit dem Dreieinigen, dem sie wesentlich ist. Indem dieser aus allmächtiger Liebe die Schöpfung geschaffen hat, ist die Schöpfung insgesamt Produkt seiner allmächtigen Liebe. Die Annahme einer nachträglichen Änderung und Beschränkung dieser Schöpferliebe bedeutete eine Missachtung der wesentlichen Einheit und der Allmacht Gottes, die von Ewigkeit her die gesamte Schöpfung geschaffen hat, sie dementsprechend erhält, ihre sündigen Geschöpfe erlöst und zu ewigem, seligem Leben führt.

Die gesamte Schöpfung entstammt der Liebe, die Gott wesentlich ist. Denn Gott erschuf die Schöpfung aus nichts außer sich selbst. Mit dem Wesen der Liebe (als dem Wesen Gottes) aber ist es nicht vereinbar anzunehmen, sie wähle oder verwerfe Einzelnes. Denn sie unterscheidet nicht Mittel

---

[156] S. dazu Friedrich Schleiermacher, CG §163.

[157] S. dazu Friedrich Schleiermacher, Über die Lehre von der Erwählung, 218: Nach Schleiermacher können auch die «Verdammten» nicht «davon ausgeschlossen sein Gegenstände der göttlichen Liebe zu sein, weil alles was zu der geordneten Welt des Lebens gehört, ein Gegenstand aller göttlichen Eigenschaften sein muß».

und Zwecke, bestimmt nicht Verdienst oder Wertigkeit. So wie Gott in seiner Zuwendung zum Menschen in Jesus Christus keine Einschränkung kannte, vielmehr den ohnmächtigen Tod am Kreuz nicht scheute, so verwirklicht er auch durch den Heiligen Geist seine Liebe uneingeschränkt an seinen sündhaften Geschöpfen.[158]

c) Wann die Auferstehung nach dem irdischen Tod geschehen wird, ob etwa unmittelbar nach dem Absterben eines jeden einzelnen Menschen oder erst am «Ende» der Schöpfungsentwicklung, kann selbstverständlich nicht ausgemacht werden. Überhaupt aber scheint eine zeitliche Bestimmtheit nicht vereinbar zu sein mit der erwarteten Auferstehung. Denn die Auferstehung bedeutet – als komplementäres Gegenüber zur Schöpfung[159] – die Aufnahme des Geschöpfes in Gottes Ewigkeit, die durch keine Zeit bedingt ist. Die vollkommene Aufnahme eines Geschöpfes in Gottes Ewigkeit wird erst nach dem zeitlichen Ende eines irdischen Lebens vorgestellt. Gleichwohl hat das glaubende Ich bereits in der irdisch verfassten Gegenwart Anteil am ewigen Leben.[160]

---

[158] S. dazu Ingolf U. Dalferth, Leiden und Böses, 219: «Zweckfreie Liebe des Schöpfers zum Geschöpf und des Geschöpfs zum Schöpfer und zu den Mitgeschöpfen ist das, was aus dem Streit Gottes gegen Gott durch Gottes absolute Entscheidung für den Anderen folgt.» Auch Dalferth geht davon aus, das Gottes Liebe «zweckfrei» ist. Allerdings besteht Gottes ewige Liebe von Ewigkeit her, also nicht erst infolge des Kreuzesgeschehens, das Dalferth als «Streit Gottes gegen Gott» beschreibt; s. dazu a. a. O., 213/124: «Gott selbst steht im Streit mit Gott, Gott selbst lehnt sich gegen sich auf, Gott selbst leidet an sich. Dafür steht das Kreuz.» Der allmächtige Schöpfer erweist, wie die vorliegende Untersuchung zeigt, gerade am Kreuz des Auferstandenen seine ewige allmächtige Schöpfer-Liebe. Er lehnt sich nicht gegen sich auf und er leidet nicht an sich. Vielmehr leidet er mit dem Menschen, um diesen vom Ort des Leidens mit zu nehmen auf den Weg der Auferstehung zu ewigem Leben; so macht er dem Menschen seine ewige allmächtige Liebe deutlich.

[159] Von Ewigkeit her gründet das einzelne Geschöpf in der Liebe des Schöpfers. Vgl. dazu Paul Gerhardt, Ich steh an deiner Krippen hier, in: Evangelisches Gesangbuch, Nr. 37/Reformiertes Gesangbuch, Nr. 402, 2. Strophe: «Da ich noch nicht geboren war, da bist du mir geboren und hast mich dir zu eigen gar, eh ich dich kannt, erkoren. Eh ich durch deine Hand gemacht, da hast du schon bei dir bedacht, wie du mein wolltest werden.»

[160] S. Joh 11,25f.: «Ich bin die Auferstehung und das Leben. Wer an mich glaubt, wird leben, auch wenn er stirbt, und jeder, der lebt und an mich glaubt, wird in Ewigkeit nicht sterben.» – S. dazu Röm 6,11.22f.: «Betrachtet euch als solche, die für die Sünde tot, für Gott aber lebendig sind, in Christus Jesus. [...] Jetzt aber, befreit von der Sünde und in den Dienst Gottes gestellt, habt ihr die Frucht, die Heiligung schafft, und als Ziel ewiges Leben. Denn der Sünde Sold ist Tod, die Gabe Gottes aber ist ewiges Leben in Christus Jesus, unserm Herrn.»

II.3.2.2. Leben in Ewigkeit

[...] und ein ewiges Leben.

Das glaubende Ich bekennt sich zur «Auferstehung» und zum «ewigen Leben», weil es beides aus dem eigenen Selbsterleben kennt. Auferstehung und ewiges Leben mitten im Leben erlebt das glaubende Ich im geistgewirkten Glauben. Denn Gottes Geist führt das glaubende Ich aus dessen Sündentod und öffnet ihm die Augen zur Erkenntnis der Auferstehung des Gekreuzigten. Diese Auferstehung zu neuem, ewigem Leben widerfährt dem glaubenden Ich selbst, indem es an Gottes allmächtige Liebe glaubt.

Solange das Ich die allmächtige Liebe Gottes nicht erkennen kann, lebt es ausgerichtet auf anderes, das sein Leben beherrscht. Es lebt gefangen in sich selbst oder unterdrückt von Dingen und anderen Menschen, die ihm «einreden», was das Beste für sein Leben und was von ihm gefordert sei, damit es gut lebe. Diese Rede wird dem glaubenden Ich als Unwahrheit und Lüge entlarvt, wenn es die Zuwendung Gottes erlebt. In seinem geistgewirkten Auferstehen zu neuem Leben wird ihm die Wahrheit des Christusgeschehens entdeckt und damit die Wahrheit über das Wesen Gottes geoffenbart.

Im Glauben an Gottes allmächtige Liebe ist ihm «neues» Leben, Leben in der Wahrheit, ewiges Leben eröffnet. Dieses Leben ist kein zweites Leben nach seinem bisherigen. Zwar beginnt es mit seiner «Wiedergeburt» oder «Neuschöpfung» durch den Heiligen Geist. Als «dritte» Person der Trinität erschafft der Heilige Geist jedoch nicht einen anderen Menschen als den, der der Schöpfertätigkeit der «ersten» Person Gottes entstammt.[161] Er bringt vielmehr die Schöpfung dieses Menschen zur Vollendung.

Bei der «Neuschöpfung» eines Menschen wird ebenso dessen Identität wie die Wesens-Einheit der drei Personen Gottes gewahrt. Gottes Schöpfungsziel, nämlich eine ewige Liebesgemeinschaft mit seinen Geschöpfen, wird durch Zeit und Raum hindurch zur Verwirklichung gebracht. Um mit den menschlichen Geschöpfen eine Liebesbeziehung leben zu können, bedarf es der Erschaffung dieser Geschöpfe. In Jesus Christus ist ihnen Gottes Liebesbeweis gegeben. Und durch den Heiligen Geist, der gleich einem «Liebesboten» agiert, wird ihnen dieser Liebesbeweis überbracht. Dadurch, dass er ihnen übermittelt wird, wird ihnen deutlich, was von Ewigkeit her Gottes Wille ist. Es wird ihnen zu erkennen gegeben, dass ihr eigenes Leben in Gottes allmächtiger Liebe begründet ist. Ihr eigenes Leben wird ihnen sei-

---

[161] S. dazu Anne Käfer, Inkarnation und Schöpfung, v. a. 355–359.362–364.

nem wahren Wesen nach entdeckt und dementsprechend als ein «neues» erlebt.

Im Glauben erscheint das eigene Leben wie neu. Das glaubende Ich erlebt sich selbst als neugeboren. Denn jetzt ist ihm der Sinn seines Seins geoffenbart und damit seiner Existenz ein neuer Anfang eröffnet. Dieser Neuanfang mitten im Leben entwickelt sich auf dem Boden des bisherigen Lebens. Die gelebte Vergangenheit war Vorbereitung zu dieser Erneuerung, zu diesem Neubeginn. Der Neubeginn baut auf auf den Erlebnissen, die in Gottlosigkeit, in Gottvergessenheit und Gotteszweifel erlebt worden sind. Vor diesem Hintergrund wird die neuerlangte Einsicht in Gottes Liebe heilsam und befreiend erlebt. Doch die Vergangenheit geht dem glaubenden Ich nicht verloren. Vielmehr kann es nun auch diese gottlose Vergangenheit als von Gott begleitet erkennen. Das glaubende Ich erkennt Gottes Liebe, die schon vor aller Gegenliebe und auch ohne Gegenliebe besteht.

Das «neue» Leben, das das glaubende Ich lebt, ist das «ewige Leben» mitten im Leben. Ewig ist dieses Leben, weil es in Gemeinschaft mit Gott gelebt wird. Im Glauben an Gott und also in Gemeinschaft mit ihm lebt das glaubende Ich ewig. Denn es lebt im Glauben in derjenigen Gemeinschaft mit Gott, die Jesus Christus in unvergleichlicher Weise eigentümlich ist. Indem das glaubende Ich in der Nachfolge Christi lebt, erlebt es sein Leben von der Auferstehung her, zu der es dem Auferstandenen durch den Tod hindurch nachgefolgt ist und nachfolgen wird; das irdische Dasein dessen, der sich Christus verbunden weiß, hat Anteil an der Ewigkeit Gottes, die der Auferstandene eröffnet hat. Weder Zeit noch Raum noch Sündentaten engen seinen Lebensvollzug weiterhin ein. Sein Leben im Glauben ist ein Leben in Freiheit von der Sündenlast der Vergangenheit und in Freiheit von zeitlicher und räumlicher Beschränktheit. Nicht, dass seine Existenz nicht länger durch Raum und Zeit bedingt und es für Taten der Vergangenheit nicht verantwortlich wäre. Doch in Gemeinschaft mit dem Ewigen lebt es sein Leben in der Liebe Gottes, die nicht zulässt, dass es durch die irdischen Bedingtheiten gefangengenommen wird und sie seinen Lebenssinn beherrschen.[162]

In der ewigkeitsstiftenden Gemeinschaft mit Gott weiß sich das glaubende Ich auf dem Weg zur Vollendung der Liebesgemeinschaft, in der sein ewiges Leben kein Ende mehr haben wird. Dass der Heilige Geist die Voll-

---

[162] Vgl. hierzu Röm 8,38f.: «Denn ich bin mir gewiss: Weder Tod noch Leben, weder Engel noch Mächte, weder Gegenwärtiges noch Zukünftiges noch Gewalten, weder Hohes noch Tiefes noch irgendein anderes Geschöpf vermag uns zu scheiden von der Liebe Gottes, die in Christus Jesus ist, unserem Herrn.»

endung der Schöpfung wirken und allen Geschöpfen ewiges Leben gewähren wird, davon ist das glaubende Ich überzeugt, das bereits im Hier und Jetzt Anteil hat am ewigen Leben des Dreieinigen.

Das ewige Leben nach dem irdischen Sein wird ebenso wie das gegenwärtige *ewige Leben* ein *seliges Leben* sein. Seligkeit wird darum bestehen, weil dem glaubenden Ich Gottes Zuwendung bewusst ist, die auch den Tod am Kreuz nicht scheut. In seiner Ohnmacht und in seiner Lieblosigkeit weiß sich das glaubende Ich begleitet und getragen von Gottes allmächtiger Liebe.

In der Gewissheit, dass Gott das eigene Leben in allmächtiger Liebe begleitet und Leid und Sünde überwindet, lebt das glaubende Ich jetzt schon selig. In der vollkommenen Gemeinschaft mit Gott nach seinem irdischen Sein wird es dann in vollendeter Seligkeit leben. Diese Seligkeit verdankt sich der Liebe Gottes, die eben darum Gemeinschaft mit den Geschöpfen will, um ihnen ein gutes Leben zu gewähren. Selig ist das Leben mit Gott, weil im Vertrauen auf ihn die eigene unhintergehbare Abhängigkeit von ihm als tragender Grund erlebt wird, der frei sein lässt von Angst und Bequemlichkeit.

Indem das glaubende Ich ewiges und seliges Leben im irdischen Dasein erlebt, strebt es nicht nur nach dem Bekenntnis seiner Liebe zu Gott. Es ist auch motiviert zur Verkündigung des Evangeliums und zu liebevollem Handeln gegenüber dem Nächsten und sich selbst.[163]

II.3.3. Amen.

Das glaubende Ich beschließt sein Glaubensbekenntnis mit dem Wort «Amen», das aus dem Hebräischen mit «So ist es» oder: «Das ist (mir) gewiss» übersetzt werden kann.[164] Mit «Amen» wiederholt das glaubende Ich seine Eingangsaussage: «Ich glaube».

Das Apostolikum ist gerahmt von der Wahrheitsüberzeugung des glaubenden Ichs. Zu Beginn wie zum Abschluss streicht das glaubende Ich her-

---

[163] S. dazu Martin Luther, Großer Katechismus, Von dem Glauben, Der dritte Artikel, BSLK 661: «Denn durch diese Erkenntnis [d. i. die Glaubenserkenntnis, die das Credo in Worte fasst] kriegen wir Lust und Liebe zu allen Gepoten Gottes [...].»

[164] S. dazu Martin Luther, Auslegung deutsch des Vaterunsers für die einfältigen Laien, WA 2, 126, Z. 29–31 (in modernisiertem Deutsch): «Das Wörtlein *Amen* ist hebräischer oder jüdischer Sprache und heißt auf Deutsch ‹fürwahr› oder ‹wahrlich›, und es ist dabei zu bedenken, dass es den Glauben ausdrückt, den man in allen Bitten [hier: die Vaterunserbitten] haben soll.»

aus, dass der genannte Bekenntnisinhalt nicht eine bloße Aneinanderreihung von Merksätzen oder gar eine Abfolge historischer Ereignisse darstellt. Vielmehr bringt er die Wahrheit zur Sprache, die das Leben begründet und sinnvoll macht; diese Wahrheit bekennt das glaubende Ich mit den Sätzen des Bekenntnisses.

Mit «Amen» schließt das Apostolikum. Dass dessen Glaubensaussagen für das bekennende Ich Heilsbedeutung haben, das wird deutlich, an der abschließenden Gewissheitsaussage («Das ist gewiss») und dem einleitenden Glaubens-Bekenntnis («Ich glaube»). Damit die Bedeutung des Glaubensbekenntnisses für das glaubende Ich recht verstanden wird, ist es darum nicht nur nötig, dem Inhalt seiner Glaubensaussagen verstehend nachzugehen.[165] Auch was Glaube selbst bedeutet, gilt es zu reflektieren. Dies soll in einem 3. Kapitel geschehen, wobei vor allem das, was «Liebe» ist, mit in den Blick genommen werden muss.

---

[165] Eben hierzu dienen die vorliegenden Ausführungen.

III. Vom Glauben

Am Anfang des Apostolikums steht das Bekenntnis zum eigenen Glauben. Mit den Worten «Ich glaube» bekennt das bekennende Ich, dass es glaubt. Um seinen Glauben auszudrücken, wählt es die Worte des Apostolikums. Das Apostolikum wiederum bringt zum Ausdruck, worin christlicher Glaube begründet liegt, worauf er sich bezieht und stützt.

Damit ist das Apostolikum einerseits Bekenntnis des (christlichen) Glaubens im Sinn des «genitivus subiectivus» und andererseits auch Bekenntnis des Glaubens im Sinn des «genitivus obiectivus». Es ist Bekenntnis des Glaubens, den die oder der Bekennende hat und den sie oder er mit den Worten des Apostolikums zum Ausdruck bringt. Zugleich ist eben dieses Bekenntnis Ausdruck dessen, wodurch sich die christliche Gemeinschaft geeinigt weiß. Die Aussagen des Apostolikums dienen im Gottesdienst der christlichen Gemeinde dazu, dass die Gemeindeglieder sich im Sprechen dieses Bekenntnisses verbunden wissen, untereinander und mit den christlichen Gemeinden in der Welt. Das bekennende Ich, das sich unter anderem zur heiligen christlichen Kirche bekennt, erlebt sich im Glaubensbekenntnis mit denen in Verbundenheit, die zur christlichen Gemeinschaft gehören.[1]

Mit dem Sprechen des Bekenntnisses wird das einzelne Kirchenglied an den Inhalt christlichen Glaubens erinnert. So kann seinem Gott-Vergessen vorgebeugt oder auch entgegengewirkt werden. Zudem kann oder sollte das Bekennen der formulierten Glaubensinhalte immer wieder die Verständigung über die Glaubensaussagen und Glaubensinhalte herausfordern.

Wie eingangs bemerkt, ist es innerhalb der christlichen Gemeinde nötig, sich über die Glaubensaussagen des Apostolikums zu verständigen, weil sie in ihrer knappen Formulierung von Gemeindegliedern nicht leicht verstanden werden. Diese bekennen sich zwar als Christgläubige und suchen nach Ausdrucksformen für ihren Glauben. Gerade jedoch das Apostolikum scheint mit ihrem Glauben nicht kompatibel zu sein.

Zum einen muss gegen diese Befürchtung hochgehalten werden, dass das christliche Bekenntnis mit den Worten des Apostolikums kein Bekenntnis zu den Satzaussagen dieses Bekenntnisses ist. Der Sachgehalt der formulierten Sätze ist entscheidend; er wird mit den Sätzen des Bekenntnisses zum Ausdruck gebracht. Über den Sachgehalt, den die Bekenntnisformulierungen be-

---

[1] Ausdrücklich geschieht dies mit dem Bekenntnis des dritten Artikels.

inhalten, gilt es sich zu verständigen. Ein Angebot solcher Verständigung ist mit der vorliegenden Auslegung gemacht.

III.1. Das Glauben

«Glauben» besteht nicht im Nachsprechen von kirchlichen Formulierungen und ist kein Für-wahr-Halten von Aussagesätzen, die von kirchlichen Autoritäten für wahr erklärt werden. Glauben ist nicht ein Gehorsamsein gegenüber menschlichen Autoritäten. Glauben geschieht nicht da, wo Aussageinhalte angenommen, für wahrscheinlich oder auch für wahr gehalten werden, weil sie als Glaubensvorgaben festgeschrieben sind.[2] Glauben geschieht weder im Nachsprechen und Einreden von Glaubensvorgaben noch ist es eine intellektuelle Leistung, die im Verständnis von Lehrsätzen oder der Konstruktion von Wahrheit besteht.[3]

---

[2]   S. dazu Johannes Calvin, Institutio, III,2,3,293: «Denn der Glaube besteht in der Erkenntnis Gottes und Christi (Joh 17,3), nicht aber in der Ehrfurcht gegenüber der Kirche!»

[3]   Vgl. hierzu Christian Danz, Grundprobleme der Christologie, 216: «Im Anschluss an die reformatorische Tradition meint der Glaube dasjenige Geschehen, in dem sich ein Mensch in seinem Leben verständlich wird. Der Glaube kann also, das liegt in der genannten Bestimmung schon beschlossen, gerade nicht als ein Fürwahrhalten von historischen oder metaphysischen Sachverhalten verstanden werden. Für Luther wäre das nicht nur kein Glaube im reformatorischen Sinne, nämlich Christus ergreifender Glaube, sondern bestenfalls *fides historica*, ein bloßes äußerliches Fürwahrhalten. Ein solches Verständnis des Glaubens widerspricht allerdings der reformatorischen Einsicht, der zufolge der Glaube gerade kein Werk sein soll, welches der Mensch zu erbringen hat. Wenn man nämlich bestimmte Glaubenssätze oder historische Ereignisse für wahr halten soll, damit man glaubt, dann ist das ein intellektuelles Werk, möglicherweise ein frommes, aber eben kein Glaube. Der Glaube stellt sich beim einzelnen Menschen vielmehr unableitbar in seinem Leben ein. Er ist das Geschehen des Sich-durchsichtig-Werdens menschlicher Selbsterkenntnis, und es stellt sich selbst als Gottesverhältnis dar.»

   Dass christlicher Glaube kein Fürwahrhalten von vorgegebenen Lehr- oder Geschichtssätzen ist, das liegt vor allem daran, dass von Glauben nur dann die Rede sein kann, wenn Gott selbst durch das Wirken seines Geistes Vertrauen in seine allmächtige Liebe wirkt. Es ist keineswegs der Fall, dass Gott erst mit dem Glauben vorhanden wäre. Für das glaubende Ich ist der Dreieinige zwar erst im Glauben sichtbar. Zugleich jedoch erkennt das glaubende Ich, dass der Dreieinige von Ewigkeit her seinen Geschöpfen zugewandt ist. Dies hält Martin Luther fest, wenn er in den von Danz herangezogenen Texten unter anderem schreibt: Christus «soll und muß also predigt sein, das mir und dir der glaub drauß erwachß und erhalten werd. Wilcher glaub da durch erwechst und erhalten wirt, Wen mir gesagt wirt, Warumb Christus kummen sey, wie man sein brauchen und nießen soll, was er mir bracht und geben hat». (Martin Luthers, Von der Freiheit eines Christenmenschen, WA 7, 29) Ein vertrauensvolles Gottesverhältnis erwächst aus der Zuwendung Gottes zum Menschen, die es nach Luther zu verkündigen gilt; solche Zuwendung erlebt der einzelne Mensch als Selbst-

Glauben ist vielmehr eine ganzheitliche Beziehung gegenüber dem Glaubensgegenstand. Glauben ist erkenntnisgetragenes Vertrauen von ganzem Herzen, von ganzer Seele und mit ganzem Gemüt.[4] Christlicher Glaube ist das in der Erkenntnis Gottes begründete Vertrauen in Gott den Dreieinigen. Solches Vertrauen wird durch den Heiligen Geist angesichts der Offenbarung des Schöpfers in Jesus Christus gewirkt. In allmächtiger Liebe wirken die drei Personen Gottes, dass ein Mensch glaubt. Sie wirken darauf hin, dass das menschliche Geschöpf dem Dreieinigen von ganzem Herzen vertraut. Solches Vertrauen kann gegenüber Gott dem Dreieinigen bestehen. Solches Vertrauen kann jedoch auch gegenüber Dingen oder Menschen bestehen, die für lebensbestimmend gehalten werden und denen zugetraut wird, dass sie mächtig seien, Heil zu wirken und ein gutes Leben zu garantieren.

Das glaubende Ich lässt sich ein auf die Liebe Gottes, die nicht vergänglich, sondern ewig ist. Es lebt in der Gewissheit, dass Sinn und Bedeutung seines Lebens weder an seiner Leistung noch am Urteil anderer Menschen hängen. Das glaubende Ich ist sich der Liebe Gottes gewiss. Über diese Gewissheit verfügt es jedoch nicht. Es gibt keine Sicherheit, dass das Vertrauen auf die allmächtige Liebe Bestand haben wird.

Dass allein die allmächtige Liebe aus Leid und Tod zu neuem Leben bringt, darauf vermag nur derjenige zu vertrauen, dem die Erkenntnis des dreieinigen Gottes zuteil geworden ist. Denn nur derjenige Mensch, dem die allmächtige Liebe durch das Wirken Gottes des Dreieinigen geoffenbart worden ist, hat Einsicht erlangt in deren Heilswirksamkeit. Ihm ist rückblickend deutlich, dass das Vertrauen, das er in der Vergangenheit auf Menschen und Dinge richtete, ein Vertrauen auf Gegenstände war, die ihn wohl vor Leiden bewahren und aus Nöten retten konnten. Ob jedoch dauerhaft Verlass ist auf

---

erkenntnis im Gericht. Keineswegs sollte Luther dahin missverstanden werden, dass er die Wahrheit Gottes und seiner Zuwendung gar vom Glauben abhängig machte und Gott und Glaube darum gleichursprünglich dachte. Dementsprechend ist Danz' Schlussfolgerung: «Die Herausarbeitung der Gleichursprünglichkeit von Gott und Glaube darf als die grundlegende Einsicht Martin Luthers gelten» (Grundprobleme der Christologie, 212) nicht zutreffend.

[4] S. dazu das «Dreifachgebot» der Liebe o. II.1.3.3.a). – Zum Glauben als «herzlichem Vertrauen» s. auch: HK 21: «Wahrer Glaube ist nicht allein eine zuverlässige Erkenntnis, durch welche ich alles für wahr halte, was uns Gott in seinem Wort geoffenbart hat, sondern auch ein herzliches Vertrauen, welches der Heilige Geist durchs Evangelium in mir wirkt, dass nicht allein anderen, sondern auch mir, Vergebung der Sünden, ewige Gerechtigkeit und Seligkeit von Gott geschenkt ist, aus lauter Gnade, allein um des Verdienstes Christi willen.»

sie, das kann stets nur im Nachhinein festgestellt werden. Die Macht des Landesfürsten, die Treue des Lebenspartners oder die Stabilität der Börse kann nur nachträglich bewertet werden; überhaupt können Macht und Treue geschaffener Wesen nur solange hilfreich sein, wie sie existieren.

Ewige und verlässliche Zuwendung und Hilfe im Leiden und auch im Tod kann, das ist dem glaubenden Ich deutlich geworden, allein die allmächtige Liebe Gottes garantieren, und diese verbürgt sie auch.[5] Dass es die Absicht der allmächtigen Liebe ist, ihre Geschöpfe aus Leid und Tod zu ewigem Leben zu befreien, das hat sie ein für allemal im Christusereignis bewiesen, und zwar auf eine Weise, durch die sie sich selbst unaufhebbar den Geschöpfen verbunden hat. Das wahre Menschsein, das Jesus Christus als ewigem Gott ewig verbunden ist, garantiert in alle Ewigkeit die allmächtige Heilszuwendung Gottes zu den Menschen. Andernfalls würde Gott sich selbst als dem Menschgewordenen nicht gerecht.

Indem das glaubende Ich sein Leben und Heil allein an die allmächtige Liebe gebunden erkennt, da nur sie ewige Verlässlichkeit verbürgt, erlebt es

---

[5] S. dazu Martin Luther, Großer Katechismus, Das erste Gebot, BSLK 560, Z. 9–24: «Was heißt ein Gott haben oder was ist Gott? Antwort: Ein Gott heißet das, dazu man sich versehen soll alles Guten und Zuflucht haben in allen Nöten. Also daß ein Gott haben nicht anders ist, denn ihm von Herzen trauen und glauben, wie ich oft gesagt habe, daß alleine das Trauen und Gläuben des Herzens machet beide Gott und Abegott. Ist der Glaube und Vertrauen recht, so ist auch Dein Gott recht, und wiederümb, wo das Vertrauen falsch und unrecht ist, da ist auch der rechte Gott nicht. Denn die zwei gehören zuhaufe, Glaube und Gott. Worauf Du nu (sage ich) Dein Herz hängest und verlässest, das ist eigentlich Dein Gott.» Für Luther ist ausgemacht, dass das Herz eines jeden Mensch an einem Gegenüber hängt, das als Glaubensgegenstand bezeichnet werden kann. Nicht die Tatsache des Hängens an einem Glaubensgegenstand und des Abhängigseins von ihm ist für Luther fraglich, sondern die Beschaffenheit des Glaubensgegenstandes. Es bestehe die Alternative zwischen Gott und Abgott, zwischen Gott und Götze. Abgötter oder Götzen nennt Luther vermeintliche Gottheiten bzw. Götter wie Ruhm, Ansehen oder Geld. «Es ist mancher, der meinet, er habe Gott und alles gnug, wenn er Geld und Gut hat, verläßt und brüstet sich drauf so steif und sicher, daß er auf niemand nichts gibt. Siehe, dieser hat auch einen Gott, der heißet Mammon, das ist Geld und Gut, darauf er alle sein Herz setzet [...].» (BSLK 561, Z. 9–16) Solche Abgötter unterscheiden sich nach Luther ausschlaggebend dadurch von Gott, dass sie *nicht* «aus aller Not helfen» (BSLK 560, Z. 41). – S. dazu Christine Axt-Piscalar, Was ist Theologie?, 4: «Das phänomenologisch Bedeutsame an diesen Überlegungen Luthers ist, dass er in diesem Sein-Herz-Hängen-an einen Grundzug der menschlichen Existenz sieht. Der Mensch ist als ein in sich ungestelltes Wesen von Natur aus darauf angewiesen, sich an etwas festzumachen. Dieses Ungestelltsein seiner selbst führt ihn geradezu unweigerlich zu jener Fehlleistung, dasjenige, was für ihn den tragenden Grund seiner Existenz bilden soll, in den endlichen Gütern und letztlich in sich selbst zu suchen, um so sein Leben zu sichern.» S. auch Anne Käfer, Von Abgötterei und Selbsthingabe, 188f.

sich zudem befreit von jeglicher Gefangennahme durch Gegenstände der geschaffenen Welt. Es ist frei von der Annahme, der Welt oder sich selbst gegenüber durch die Erfüllung bestimmter Anforderungen genügen zu müssen. Es hat erkannt, dass die Erfüllung seiner Lebensbestimmung nicht an raum-zeitlich bedingten Leistungsvorgaben und der Unterwerfung unter Machtpersonen hängt. Es ist frei von solchen Trugschlüssen. Es ist frei von der irrtümlichen Annahme, solcherart Ansprüche erfüllen zu müssen, um sein Leben in Zuversicht und gar in Seligkeit führen zu können. Vielmehr ist es durch die Liebe Gottes befreit dazu, in Liebe mit seinen Mitmenschen zu leben und aus Liebe gegenüber der Schöpfung an ihr in Liebe zu handeln.

III.2. Der Glaubensgegenstand

Der «Gegenstand», nämlich das Gegenüber, auf das das lebensbestimmende Vertrauen des bekennenden Ichs gerichtet ist, ist die allmächtige Liebe. Das christliche Bekenntnis zum Vertrauen auf Gott und zu ihm in seinen drei Personen, ist, wie die vorliegende Interpretation dargelegt hat, das Bekenntnis zur allmächtigen Liebe.

Der allmächtigen Liebe ist es zum einen eigen, dass sie von Ewigkeit her darauf aus ist, mit ihren Geschöpfen ewige Gemeinschaft zu leben. Entsprechend sind die Geschöpfe derart geschaffen, dass ihnen solche Gemeinschaft möglich ist. Grundsätzlich sind sie ansprechbar auf das Liebesbekenntnis Gottes ihnen gegenüber. Dazu hat Gott ihnen die nötige Ansprechbarkeit mitgeschaffen.[6]

Die geschaffenen Geschöpfe sind als solche für Gottes Liebesbotschaft empfänglich.[7] Es ist keinesfalls nötig, dass ihre geschaffene Beschaffenheit geändert wird, damit sie Gottes Zuwendung erkennen können. Davon kann ausgegangen werden, weil Gottes allmächtiges Schöpferhandeln von Ewigkeit her in unlösbarem Zusammenhang mit seinem versöhnenden und voll-

---

[6] Nach Luther kann Glaube eben deshalb entstehen, weil der Mensch von Gott darauf hin geschaffen sei, zum Glauben zu kommen und also erlöst, heilig und selig zu werden; s. o. S. 38, Anm. 45.

[7] Luther hält ausdrücklich fest, dass der Mensch empfänglich geschaffen sei; er habe «eine dispositive Qualität oder eine passive Eignung» (Martin Luther, De servo arbitrio, 293). Calvin geht davon aus, dass der Mensch «eine Art Empfindung für die Gottheit besitzt» («divinitatis sensus») und einen «Keim der Religion (semen religionis)» in sich trage; es sei «stets im Herzen der Menschen etwas wie ein Wissen um Gott (aliqua Dei notio) kräftig» (Johannes Calvin, Institutio, I,3,1,26f.). Nach Schleiermacher «kann man wol auch sagen, Gott sei uns gegeben im Gefühl auf eine ursprüngliche Weise» (Friedrich Schleiermacher, CG 4,4,40).

endenden, seinem erlösenden und heiligenden Handeln zu denken ist. Schließlich sind die drei Personen Gottes, denen jeweils bestimmte Tätigkeiten zugeschrieben werden, stets in wesentlicher Verbundenheit tätig.

Der allmächtigen Liebe ist es zweitens eigen, dass ihre Absicht und ihr Tätigsein durch nichts beschränkt oder verändert werden können. Da sie von Ewigkeit her auf Liebesgemeinschaft aus ist, dient alles, was sie wirkt, letztlich diesem Ziel. Es ist dementsprechend ein Verleugnen dieser allmächtigen Liebe, wenn angenommen wird, die menschlichen Geschöpfe vermöchten diese Liebe in Frage zu stellen oder einen Zorn Gottes herauszufordern. Weder kann ein göttlicher Zorn als das Gegenteil der Liebe Gottes vorgestellt werden: Dann nämlich teilte die Liebe (die doch das Wesen Gottes ist) ihre Macht mit dem Zorn und (Gott) wäre nicht allmächtig. Noch kann ein Zorn der Liebe, eine zornige Liebe gar, gedacht werden; wenn der «Zorn» dem Wesen der Liebe entspräche, bezeichnete er nicht einen Affekt Gottes, sondern eine bestimmte Handlungsweise, die in Gottes allmächtiger Liebe, nicht aber in Zorn begründet ist. Sämtliche Handlungsweisen Gottes entstammen seiner allmächtigen Liebe. Wie diese Handlungsweisen vom Menschen erlebt und gedeutet werden, das ist unmissverständlich zu unterscheiden von Gottes Handlungsintention, die eben Liebe ist. Gerade wenn ein Mensch Gottes Handeln als Ausdruck von Zorn erlebt, gilt es, auf Gottes Liebeszuwendung am Kreuz zu verweisen.

Die allmächtige Liebe hat sich, drittens, in einer unvergleichlichen und unnachahmlichen Weise den Geschöpfen zugewandt. Im Christusgeschehen ist sie selbst Mensch geworden und dem Menschen nahegekommen bis in tiefsten Gotteszweifel, in Leid und Tod. Sie hat nicht nur Mitleid gezeigt, sie hat selbst mitgelitten. Doch hat sie all ihre Macht darauf verwandt, Sünde, Leid und Tod zu überwinden. An die allmächtige Liebe, die ihren Gemeinschaftswillen verwirklicht, indem sie aus nichts (außer sich selbst) geliebte Gegenüber schafft, denen ihre Liebe beweist, indem sie sich als Überwinderin des Todes zeigt, und die schließlich die Geschöpfe zum ewigen, seligen Leben führt, an diese Liebe glaubt das Ich, das mit dem Apostolikum seinen christlichen Glauben bekennt.

Dementsprechend ist ihm bewusst, dass alles Geschaffene dazu geschaffen ist, seliges Leben zu leben. Kein Geschöpf ist als Mittel zum Zweck für andere Geschöpfe gemacht. Denn es ist in der Liebe gewollt, die durch nichts eingeschränkt, gar reduziert werden kann, auch nicht durch Nutzenerwägungen. Nicht einmal sich selbst begrenzt diese Liebe. Sie geht vielmehr bis zum Äußersten, um ihren allmächtigen Lebenswillen zu beweisen. Sie geht selbst in den Tod, um ihn zu überwinden und so zu zeigen, dass sie ewiges Leben mit den Geschöpfen will. Ewiges, seliges Leben mit den Geschöpfen ist der

Sinn und das Ziel ihres Strebens, das erreicht sein wird, wenn sämtliche Geschöpfe in Liebe mit dem Dreieinigen und in Liebe miteinander ewig leben.

Sinn und Ziel des Strebens der allmächtigen Liebe enthalten einen Auftrag an den Menschen. Es ist das Gebot, dessen Erfüllung ein Leben lang von einem Menschen gefordert ist. Es ist von ihm gefordert, Gott zu lieben und seine Mitgeschöpfe wie sich selbst. Dies jedoch vermag kein Mensch von sich selbst. Vielmehr ist es nötig, dass ihm durch das Wirken Gottes die Augen für die Liebe Gottes geöffnet werden.

III.3. Zustandekommen des Glaubens

Von sich aus vermag kein Mensch, Gottes Liebe zu erkennen, sich zu ihr zu bekehren und zu glauben.[8] Auch dies ist Gottes allmächtiger Liebe verdankt, dass ein Mensch zum Glauben kommt. Es ist nicht nötig, dass ein Mensch leiblich in Not und Todesangst gerät, um daraus errettet zu werden, damit er dann dankbar Gottes Allmacht erkennt und ihr vertraut. Doch ist das Zustandekommen von Glauben gebunden an die Einsicht in die eigene Schwäche und Ohnmacht und in das Gefangensein in weltliche Zusammenhänge. Die Einsicht, gegenüber Gott nichts zu vermögen und also den Sinn des eigenen Lebens und das Heil des eigenen Seins nicht in Händen zu haben, geht einher mit der Erkenntnis, dass Gott allmächtig und in Liebe dem eigenen Leben zugewandt ist.

Das menschliche Geschöpf vermag nicht, sich selbst aus der Gefangenschaft zu befreien, in der es lebt, in der es anderem untergeben oder seinen eigenen Leistungsforderungen unterworfen ist. Es vermag schon gar nicht, die Liebe Gottes zu wollen, geschweige denn Gott wider zu lieben.[9] Denn es

---

8   Martin Luther hält nicht nur fest, dass ein Mensch nicht fähig ist, sich aus freiem Willen zu Gott zu bekehren, er schreibt noch dazu: «Ich bekenne durchaus von mir: [...] ich würde nicht wollen, dass mir ein freies Willensvermögen gegeben wird oder irgendetwas in meiner Hand belassen würde, wodurch ich nach dem Heil streben könnte. Nicht nur deshalb, weil ich in so vielen widrigen Umständen und Gefahren [...] nicht im Stande wäre, zu bestehen [...]; sondern weil ich auch dann, wenn es keine Gefahren, keine widrigen Umstände [...] gäbe, dennoch gezwungen würde, mich andauernd ins Ungewisse hinein anzustrengen und Lufthiebe zu machen. Denn mein Gewissen wäre, und wenn ich auch ewig lebte und wirkte, niemals gewiss und sicher, wie viel es tun muss, damit Gott Genüge getan wäre.» (Martin Luther, De servo arbitrio, 649/651; WA 18, 783)

9   S. dazu Martin Luther, De servo arbitrio, 395.397; WA 18, 681: «Nicht weniger aber wird die Liebe Gottes gefordert als unsere Bekehrung und alle Gebote, weil die Liebe Gottes unsere wahre Bekehrung ist. Und dennoch schließt niemand aus jener Vorschrift der Liebe auf das freie Willensvermögen. [...] Was immer also auf jenes Wort ‹Liebe Gott› geantwortet

kennt die Liebe nicht, solange sie sich nicht zeigt und zu Bewusstsein bringt. Es kennt sie nicht, oder es vergisst sie wieder, oder es zweifelt gar an ihr, wenn sie sich nicht unablässig zeigt und bemerkbar macht.

Durch das Wirken des Heiligen Geistes kommt Gottes Liebe dem Menschen nahe bis zum Herzen oder vielmehr ins Bewusstsein; im Heiligen Geist wendet sich der Dreieinige selbst dem Menschen unmittelbar zu. Er stellt ihm die allmächtige Liebe vor Augen und bietet seine Liebesgemeinschaft an. Der Mensch ist auf diese Liebe ansprechbar geschaffen, und durch die Mittel der Predigt und der Sakramente wird er mit ihr bekannt gemacht. Die geistgewirkte Erkenntnis der allmächtigen Liebe ist aus Sicht des glaubenden Ichs das Beste, was einem Menschen passieren kann; sie ist Befreiung aus Gefangenschaft und Auferstehung aus Gottlosigkeit, sie ist Erlösung zu neuem Leben und ein Gefühl von Seligkeit.

Es ist kaum vorstellbar, dass das Liebesbekenntnis, das Gott durch das Wirken des Heiligen Geistes einem Menschen gegenüber äußert, von diesem Menschen zurückgewiesen werden könnte. Das scheint schon deshalb unmöglich zu sein, da Gottes Liebe eben allmächtig ist und keine Beschränkungen erfahren kann. Gleichwohl wird dem menschlichen Geschöpf eben Gottes *Liebe* nahegebracht. Der Liebe aber ist es eigen, Freiheit zu gewähren. Und Freiheit kann nicht erzwungen werden. Wenn Freiheit von Zwängen des irdischen Daseins dadurch gewährt würde, dass die Hinwendung zu Gott erzwungen würde, könnte dieses Geschehen insofern nicht als Freiheitserfahrung verstanden werden, als dem menschlichen Geschöpf ungefragt ein Wechsel von einer in eine andere Abhängigkeit widerfährt.

Zudem ist es der Liebe eigen, das Geliebte nicht als Mittel zu einem höheren Zweck zu gebrauchen, und sei es auch die ewige Liebesgemeinschaft mit Gott. Dementsprechend scheint die kaum vorstellbare Möglichkeit angenommen werden zu müssen, dass das geliebte Geschöpf die allmächtige Liebe auch abzulehnen vermag.[10]

---

werden wird [um zu zeigen], dass es nicht auf das freie Willensvermögen schließt, dasselbe wird gesagt werden im Blick auf alle anderen Worte des Befehlens oder Forderns: dass sie nicht auf das freie Willensvermögen schließen. Weil nämlich durch das Wort ‹Liebe› die Form des Gesetzes gezeigt wird: was wir sollen, nicht aber die Kraft des Willens oder was wir können, im Gegenteil: was wir nicht können.»

[10] S. hierzu Michael Beintker, Freiheit aus Glauben – Freiheitssuche der Menschen von heute, 70: «Gott wollte und will keine Sklaven, die in unbedenklicher Hörigkeit den Willen ihrer Aufseher vollstrecken, keine Schattenmenschen, die vor ihm nicht sie selbst sein können. Er sucht in jedem Menschen das Gegenüber, das seiner Freiheit würdig ist. Denn Liebe – recht verstanden ein anderer Name für Gott (1. Joh 4,8) – gelingt nur, wenn sich zwei, ein Ich und

Es scheint die Liebe des Dreieinigen sogar ihre eigene Ablehnung nicht zu verweigern. Dass sie sich vor allem keinem ihrer Geschöpfe vorenthält, sich vielmehr allen Geschöpfen zuwendet und Gottesgemeinschaft eröffnet, diese Annahme folgt aus der Überzeugung, dass Gottes Schöpferliebe allmächtig ist; was sie erschafft, das erschafft sie in uneingeschränkter, ewiger Liebe und dem wird sie ihre Liebe darum ewig nicht entziehen. Auch wenn nicht alle Geschöpfe während ihres irdischen Daseins zum christlichen Glauben kommen, wird Gottes Liebe doch die von Ewigkeit her vorherbestimmte Gemeinschaft mit den Geschöpfen ihnen allen gewähren. Das glaubende Ich ist sich dessen gewiss, dass die allmächtige Liebe ewig nicht enden wird. Diese Gewissheit hält es hoch gegen die Stimmen, die Gottes allmächtige Liebe leugnen und verweist sie auf das ewige Leben nach dem irdischen; es ist gewiss, dass mit der Vollendung der Schöpfung der Heiligmacher sich allen Geschöpfen zuwenden wird.[11]

Als Antwort auf die Liebeszuwendung des Allmächtigen spricht das glaubende Ich das Glaubensbekenntnis als sein Liebesbekenntnis zu Gott dem Dreieinigen.[12] Es bringt zum Ausdruck, dass es die Liebeszuwendung Gottes

---

ein Du, gerade in gegenseitiger Freiheit bejahen können, in freiem Entschluß aneinander binden und füreinander existieren. Ein erzwungenes oder erpreßtes Ja tötet die Liebe!»

[11] Martin Luther weiß sehr wohl darum, dass Gott entweder geleugnet oder für ungerecht gehalten wird, weil er nicht alle Menschen gleichermaßen zum Glauben bringt und zum Heil führt, weil also seine allmächtige Liebe unwahr zu sein scheint. Doch Luther hält an Gott, an dessen Gerechtigkeit und eben an seiner allmächtigen Liebe fest: «Nimm mir drei Lichter an: das Licht der Natur, das Licht der Gnade, das Licht der Herrlichkeit, wie es eine allgemeine und gute Unterscheidung tut. Im Licht der Natur ist es unlösbar, dies sei gerecht, dass der Gute heimgesucht wird und der Böse es gut hat. Aber dies löst das Licht der Gnade. Im Licht der Gnade ist es unlösbar, wie Gott den verdammt, der aus eigenen Kräften nichts anderes tun kann als zu sündigen und schuldig zu sein. Hier behaupten das Licht der Natur ebenso wie das Licht der Gnade, das sei die Schuld nicht des elenden Menschen, sondern des ungerechten Gottes, und sie können nicht anders von Gott urteilen, der einen gottlosen Menschen umsonst ohne Verdienste krönt und einen anderen nicht krönt, vielmehr verdammt, der vielleicht weniger oder doch nicht mehr gottlos ist. Aber das Licht der Herrlichkeit [das wohl nach dem irdischen Leben erwartet wird] behauptet etwas anderes und wird zeigen, dass Gott, dessen Urteil eben noch von einer unbegreiflichen Gerechtigkeit war, dann von einer ganz und gar gerechten und ganz offenkundigen Gerechtigkeit ist. Dass wir das nur einstweilen glauben, ermahnt und gefestigt durch das Beispiel des Lichtes der Gnade, das ein ähnliches Wunder beim natürlichen Licht vollbringt!» (Martin Luther, De servo arbitrio, 655.657; WA 18, 785) – Zum Zusammenhang von Theodizee und Eschatologie s. auch Henning Theißen, Die evangelische Eschatologie und das Judentum, 288–293.

[12] S. hierzu Martin Luther, Von den guten Werken, WA 6, 210, Z. 6–9 (in modernisiertem Deutsch). Luther identifiziert den Glauben an Gott mit der Liebe zu ihm: «Ja, wenn wir es

annimmt und im Glauben, im Vertrauen auf Gott erwidert. Allein von ihm erwartet es Lebenssinn und Heil und Seligkeit.

Mit seinem öffentlichen Bekenntnis, das die Formulierungen des Apostolikums nutzt, weiß sich das glaubende Ich in Liebesgemeinschaft mit der christlichen Gemeinde. Und mit seinem Bekenntnis trägt es zur Verkündigung der Liebe Gottes bei. Dabei sollte jedoch nicht vergessen und nicht vernachlässigt werden, dass es immer wieder neu der Auslegung des jahrhundertealten Bekenntnisses bedarf. Eben dies hält auch Martin Luther am Ende seiner Auslegung des Apostolikums im «Großen Katechismus» fest: «[W]ir haben doch täglich, solang wir hie leben, daran zu predigen und zu lernen.»[13]

---

recht ansehen, so ist die Liebe das erste oder immer zugleich mit dem Glauben. Denn ich möchte Gott nicht trauen, wenn ich nicht dächte, er wolle mir günstig und hold sein, dadurch werde ich ihm gegenüber hold und bewegt, ihm herzlich zu trauen und alles Gute von ihm zu erwarten.»

[13]   Martin Luther, Großer Katechismus, Von dem Glauben, Der dritte Artikel, BSLK 662.

IV. Literaturverzeichnis

In den Anmerkungen des Textes sind Kurztitel oder die angegebenen Abkür-
zungen verwendet.

Texte der Bibel werden zitiert in der Übersetzung der Zürcher Bibel (Ausgabe von 2007; zitiert ohne Hervorhebungen).

Axt-Piscalar, Christine, Art. Sünde, VII. Reformation und Neuzeit, in: TRE, Bd. 32,
400–436
– Taufe – Sünde – Buße bei Luther und in den Lutherischen Bekenntnisschriften,
in: Gerecht und Sünder zugleich? Ökumenische Klärungen (Dialog der Kirchen,
Bd. 11), hg. v. Theodor Schneider und Gunther Wenz, Freiburg im Breisgau
2001, 168–184
– Was ist Theologie? Klassische Entwürfe von Paulus bis zur Gegenwart, Tübingen
2013
Barth, Karl, Credo. Die Hauptprobleme der Dogmatik dargestellt im Anschluß an das
Apostolische Glaubensbekenntnis, München 1935
– Die Kirchliche Dogmatik, Bd. I,1 bis Bd. IV,4, Studienausgabe, Zürich 1986–
1991 (Abk.: KD; zitiert wird unter Angabe von Band, Teilband, Paragraph und
Seite)
– Dogmatik im Grundriß, Zürich 1947
Beintker, Michael, Freiheit aus Glauben – Freiheitssuche der Menschen von heute.
Gemeinsamkeiten und Konflikte, in: Ders., Rechtfertigung in der neuzeitlichen
Lebenswelt. Theologische Erkundungen, Tübingen 1998, 66–79
Bultmann, Rudolf, Die Bedeutung des geschichtlichen Jesus für die Theologie des
Paulus, in: Ders., Glauben und Verstehen. Gesammelte Aufsätze, Bd. 1 (UTB
1760), Tübingen [9]1993, 188–213
Busch, Eberhard, Credo. Das Apostolische Glaubensbekenntnis, Göttingen 2003
Calvin, Johannes, Unterricht in der christlichen Religion/Institutio Christianae Religi-
onis, übers. und bearb. v. Otto Weber, bearb. und neu hg. v. Matthias Freuden-
berg, Neukirchen-Vluyn 2008
Dalferth, Ingolf U., Leiden und Böses. Vom schwierigen Umgang mit Widersinni-
gem, Leipzig 2006
Danz, Christian, Grundprobleme der Christologie, Tübingen 2013
Der Heidelberger Katechismus, Revidierte Ausgabe 1997, hg. v. der Evangelisch-
reformierten Kirche, von der Lippischen Landeskirche und vom Reformierten
Bund, Neukirchen-Vluyn [4]2010 (Abk.: HK; zitiert wird unter Angabe der Frage-
Nummer)
Die Bekenntnisschriften der evangelisch-lutherischen Kirche, Göttingen [12]1998
(Abk.: BSLK)

Dietrich Bonhoeffer, Ethik, hg. v. Ilse Tödt, Eduard Tödt, Ernst Feil und Clifford Green, Gütersloh [3]2010

Dietzfelbinger, Christian, Die Berufung des Paulus als Ursprung seiner Theologie (WMANT 58), Neukirchen-Vluyn 1985

Dunkel, Daniela, Art. Apostolikumstreit, in: RGG[4], Bd. 1, 650f.

Frey, Jörg, Die «theologia crucifixi» des Johannesevangeliums, in: Ders., Die Herrlichkeit des Gekreuzigten. Studien zu den Johanneischen Schriften I, hg. v. Juliane Schlegel, Tübingen 2013, 485–554

– Love Relations in the Fourth Gospel, in: Ders., Die Herrlichkeit des Gekreuzigten. Studien zu den Johanneischen Schriften I, hg. v. Juliane Schlegel, Tübingen 2013, 739–765

Hermanni, Friedrich, Das Böse und die Theodizee. Eine philosophisch-theologische Grundlegung, Gütersloh 2002

– Metaphysik. Versuche über letzte Fragen (CM 1), Tübingen 2011

Herms, Eilert, Das Böse. Systematische Überlegungen im Horizont des christlichen Wirklichkeitsverständnisses, in: Ders., Phänomene des Glaubens. Beiträge zur Fundamentaltheologie, Tübingen 2006, 347–367

– Technikrisiken – Zum Beispiel Kernenergie, in: Ders., Zusammenleben im Widerstreit der Weltanschauungen, Tübingen 2007, 247–267

Joest, Wilfried, Ontologie der Person bei Luther, Göttingen 1967

Jüngel, Eberhard, Gott als Geheimnis der Welt. Zur Begründung der Theologie des Gekreuzigten im Streit zwischen Theismus und Atheismus, Tübingen [7]2001

Käfer, Anne, Inkarnation und Schöpfung. Schöpfungstheologische Voraussetzungen und Implikationen der Christologie bei Luther, Schleiermacher und Karl Barth (TBT 151), Berlin/New York 2010

– Von Abgötterei und Selbsthingabe. Theologische Überlegungen zur Selbstliebe, in: NZSTh 53 (2011) 3, 187–207

– Freiheit oder Sicherheit? Vom Sinn und Nutzen der politischen Ethik Luthers für die Beurteilung des «Falles Edward Snowden», in: Deutsches Pfarrerblatt 114 (2014) 4, 210–213

Körtner, Ulrich H. J., Reformatorische Theologie im 21. Jahrhundert (ThSt NF 1), Zürich 2010

Lauster, Jörg, Christologie als Religionshermeneutik, in: Zwischen historischem Jesus und dogmatischem Christus. Zum Stand der Christologie im 21. Jahrhundert, hg. v. Christian Danz und Michael Murrmann-Kahl (DoMo 1), Tübingen 2010, 239–257

Leiner, Martin, Gottes Gegenwart. Martin Bubers Philosophie und der Ansatz ihrer theologischen Rezeption bei Friedrich Gogarten und Emil Brunner, Gütersloh 2000,

Leonhardt, Rochus, Grundinformation Dogmatik. Ein Lehr- und Arbeitsbuch für das Studium der Theologie, Göttingen [4]2009

Luther, Martin, Auslegung deutsch des Vaterunsers für die einfältigen Laien, Weimarer Ausgabe, Bd. 2, Nachdruck 2003 (Abk.: WA und Bandzahl), 74–130

– De captivitate Babylonica ecclesiae praeludium, in: WA 6, 484–573

- De servo arbitrio/Vom unfreien Willensvermögen (1525), übers. v. Athina Lexutt, in: Ders., Lateinisch-Deutsche Studienausgabe, Bd. 1: Der Mensch vor Gott, hg. v. W. Härle, Leipzig 2006 (Abk.: Studienausgabe), 219–661
- Disputatio de homine/Disputation über den Menschen, in: Studienausgabe, 663–669
- Disputatio Heidelbergae habita/Heidelberger Disputation, in: Studienausgabe, 35–69
- Disputatio pro declaratione virtutis indulgentiarum, in: WA 1, 229–238
- Ein Sermon von der Betrachtung des heiligen Leidens Christi, in: WA 2, 131–142
- Siebte Invokavitpredigt, in: WA 10/III, 55–58
- Vom Abendmahl Christi. Bekenntnis, in: WA 26, 241–509
- Von den guten Werken, in: WA 6, 196–276
- Von den letzten Worten Davids, in: WA 54, 16–100
- Von der Freiheit eines Christenmenschen, in: WA 7, 12–38
- Vorlesungen über 1. Mose, in: WA 42

Markschies, Christoph, Art. Apostolicum, in: RGG[4], Bd. 1, 648–649

Mühling, Markus, Liebesgeschichte Gott. Systematische Theologie im Konzept, Göttingen 2013

Pannenberg, Wolfhart, Das Glaubensbekenntnis; ausgelegt und verantwortet vor den Fragen der Gegenwart, Hamburg 1972

Schleiermacher, Friedrich, Der christliche Glaube nach den Grundsätzen der evangelischen Kirche im Zusammenhange dargestellt, 2. Aufl. (1830/31), hg. v. Rolf Schäfer, Berlin/New York 2008 (Abk.: CG; zitiert wird unter Angabe von Paragraph, Absatz und Seite)
- Über die Lehre von der Erwählung; besonders in Beziehung auf Herrn Dr. Bretschneiders Aphorismen, in: Ders., Kritische Gesamtausgabe, Bd. I/10: Theologisch-dogmatische Abhandlungen und Gelegenheitsschriften, hg. v. Hans-Friedrich Traulsen unter Mitwirkung von Martin Ohst, Berlin/New York 1990, 145–222

Schwartz, Daniel R., Art. Pontius Pilatus, in: RGG[4], Bd. 6, 1489–1490

Schwöbel, Christoph, Art. Auferstehung, II. Auferstehung Jesu Christi, 2. Dogmatisch, in: RGG[4], Bd. 1, 924–926

Stoellger, Philipp, Im Vorübergehen. Präsenz im Entzug als Ursprung der Christologie, in: Emmaus – Begegnung mit dem Leben. Die große biblische Geschichte Lukas 24,13–35 zwischen Schriftauslegung und religiöser Erschließung, hg. v. Elisabeth Hartlieb und Cornelia Richter, Stuttgart 2014, 99–110

Theißen, Henning, Die evangelische Eschatologie und das Judentum. Strukturproblem der Konzeptionen seit Schleiermacher, Göttingen 2004

Wüstenberg, Ralf K., Christologie. Wie man heute theologisch von Jesus sprechen kann, Gütersloh 2009